シリーズ 職業とライフスタイル 1

変わる組織と職業生活

石川 晃弘・田島 博実 編著

学文社

執筆者（執筆順）

＊石川晃弘　中央大学（序章，第10章）
＊田島博実　（財）雇用開発センター（序章，第6章）
　林　大樹　一橋大学（第1章）
　福谷正信　立命館アジア太平洋大学（第2章）
　佐々木茂　高崎経済大学（第3章）
　山田修嗣　文教大学（第4章）
　星野　潔　中央大学（第5章）
　井出裕久　大正大学（第7章）
　加藤裕子　中央大学（第8章）
　時井　聰　淑徳大学（第9章）

＊は編者

はしがき

　こんにち，わたしたちの生活する社会が大きな歴史的転換期にあるということは，多くの人びとの共通の認識になっているといえるだろう。たしかに，産業社会が成立してから，人びとの生活は絶え間ない変化にさらされてきた。その意味では，産業社会は変化が常態化している社会である。しかし，21世紀を迎えつつある現在の状況は，過去の延長線上では推し量れないような非連続的な変化が生じているように思われる。

　本書は，社会生活の諸側面のなかでとくに職業生活とそれが営まれる場としての組織という領域に軸足をおいて，こうした変化の様相をとらえ，その含意や課題を検討しようと試みている。

　日本の経済社会はいま，技術革新と情報化，国際化のなかで，大きな変動にさらされている。それに加えて，経済不況を蒙りながら企業間競争の激化に翻弄されている。環境保全に対する世論も高まってきている。こうした状況に対応しそれを乗り越えるため，企業の内外でさまざまな取り組みが試みられている。

　情報化，国際化にいま企業はどう取り組んでいるのか。環境問題を企業はどう経営活動のなかに取り込んでいるのか。企業内では人事処遇システムに「能力主義」を大幅に導入し，伝統的な年功序列と長期安定雇用の慣行を崩しつつあるかにみえるが，そのもとで中高年従業員の職業人生の展望はどうなるのか。若年層問題はどんな特徴を帯びてくるのか。女性労働はどう展開してくるのか。

　他方，行政体に眼を転じると，ここでは規制の緩和や撤廃，国有企業の民営化，行政業務の外部委託などが進められるなかで，公務労働にも合理化の波が押し寄せている。それはどう再編成されていくのか。また，市場や行政から離れたところで，市民のボランティア的組織，いわゆるＮＰＯが活動を広げている。しかもこれには，たんに社会的ニーズの充足という対外的機能だけでなく，

企業や行政の官僚的組織のなかでの労働とは質的に違う，自主的・自発的・自己実現的な人間的労働を構想していくという，対内的機能も期待されている。こうした一連の動きを，本書では実証的データを踏まえながら追究していく。

本書は当初，学文社の「新シリーズ　社会学」の一巻として構想されたが，現代日本社会のホットな現実を裁断していく過程で学際的なアプローチを採用せざるをえず，したがって本書は社会学のディシプリンで貫かれているわけではない。とはいえ，本書の執筆者の大多数は社会学畑出身の若手研究者であり，問題把握とデータ分析に多分に社会学的視点が入っている。

最後に，熱意をもって各章のテーマに取り組んでくれた執筆者の方々，忍耐強く本書の出版に漕ぎ着けてくれた学文社社長の田中千津子さん，そして本書の企画のきっかけを与えて下さった鈴木幸寿先生に，この場を借りて感謝の意を述べたいと思う。

1999年7月

編　者

目　次

序　章　問題の背景と本書の狙い─────────────────1
　1．問題の背景──────────────────────────2
　2．問題の所在──────────────────────────4
　3．日本的経営と日本型労働者像──────────────────6
　4．本書の構成──────────────────────────8

第Ⅰ部　環境変化と組織の対応

第1章　人事労務管理の動向と企業の選択────────────15
　1．雇用理念と雇用システムの方向────────────────16
　　（1）雇用理念としての終身雇用とその実像……16／（2）「労働力流動化」促進論の登場……17／（3）終身雇用理念の行方……18／（4）雇用形態の多様化と今後の雇用システムの方向……19
　2．経営課題と人事労務管理の動向────────────────21
　　（1）日本企業の経営課題……21／（2）人事労務管理の今後の方向性……22／（3）人事・賃金制度の能力主義化について……22／（4）成果主義賃金の問題点……24／（5）「仕事基準」の人事処遇制度……25／
　3．雇用・賃金動向と日本の選択─────────────────27

第2章　知識・情報化のなかの企業組織─────────────31
　1．脱工業社会の諸相──────────────────────32
　　（1）技術革新と社会変革……32／（2）知識・情報の占有と企業行動……33
　2．先進工業国の経済発展────────────────────34
　　（1）経済成長要因の変化と高生産性への移行……34／（2）知的財産

権の強化とクロス・ライセンス（特許交換）化……36／　（3）グローバリゼーションと世界最適生産基地化……37

  3．企業戦略のシフト─────────────────────37
　　（1）価値創造型経営への転換……38／　（2）デファクト・スタンダードの主導……38／　（3）知識・情報のネットワーク化……40

  4．ネットワーク型企業組織───────────────────40
　　（1）研究開発のネットワークと組織づくり……40／　（2）「個」活用組織……43／　（3）グローバル・ネットワーク……44

  5．情報技術と組織再編────────────────────45
　　（1）組織の情報武装……45／　（2）バーチャル・コーポレーション（仮想企業）……47／　（3）意思決定の迅速化……47

  6．小括と含意────────────────────────48

第3章　国際化のなかの企業組織──────────────51

  1．国際経営の定義と視点───────────────────52
  2．海外進出の理由，背景───────────────────52
  3．国際市場で経営活動を行うための企業の組織構造─────────53
  4．国際マーケティングの戦略計画────────────────55
　　（1）環境の分析……55／　（2）マーケティング・ミックス……56／
  5．貿易収支────────────────────────57
  6．国際化によって生じるコンフリクト──────────────59
　　（1）回避型コンフリクト……60／　（2）対決型コンフリクト……60／　（3）協調型コンフリクト……60
  7．国際人的資源管理と海外現地法人で生じるコンフリクト───────61
　　（1）国際人的資源管理の4類型……61／　（2）90年代の調査結果からの知見……62／　（3）日本企業の実態……64／　（4）国際経営のための人材育成，キャリア形成……65
  8．まとめ─────────────────────────66

第4章　環境問題と企業の対応───────────────69

　　　　　　　　　　　　　　　　　　　　　　　　目　次　v

　1．「環境問題」の所在 ─────────────────────70
　　　（1）環境問題をめぐる議論……70／　（2）企業と環境の関係……71
　2．企業における環境問題への対応 ───────────────73
　　　（1）環境対応の動向……73／　（2）環境政策の内容……74／　（3）
　　　A社の事例……75
　3．企業の環境対応と社会的課題 ────────────────80
　　　（1）企業の環境対応……80／　（2）商品と技術を通じた社会貢献……
　　　81／　（3）環境意識の醸成をめざした環境政策に向けて……82

第5章　行政改革と公務員労働 ────────────────── 87
　1．行政改革の進行 ──────────────────────88
　　　（1）規制緩和……88／　（2）民営化……89／　（3）民間委託……
　　　90／　（4）官公庁の組織改革……91／　（5）外郭団体の見直し……
　　　92／　（6）地方分権……93
　2．規制緩和と民営化の背後にあるもの ──────────────94
　　　（1）福祉国家への批判……94／　（2）社会環境の変化と日本の行政へ
　　　の批判……96／　（3）行政の将来像と規制緩和・民営化の問題点……
　　　97
　3．公務員労働はどこへ行く ───────────────────98
　　　（1）人事管理の「改革」……98／　（2）公務従事者への影響……100
　4．まとめ ───────────────────────── 102

　　　　　　　　　第Ⅱ部　変わる組織と個人の働き方

第6章　雇用環境の変化と中高年の職業人生 ───────────── 107
　1．中高年勤労者をとりまく環境と組織の変化 ──────────── 108
　　　（1）社会経済環境の変動と「中高年問題」……108／　（2）企業組織
　　　と雇用慣行の揺らぎ……109
　2．企業の人事政策と勤労者の意識変化 ────────────── 112
　　　（1）企業の人事政策と定年制の形骸化……112／　（2）キャリア形成
　　　をめぐる勤労者意識の変化……115

3．中高年期における職業人生再構成の視点と方策 ──────118
   （1）事例にみる中高年の意識変容と職業人生設計……118／ （2）再就職に成功した中高年のキャリア形成の特徴……119／ （3）新しい職務・役割の開発とキャリア形成をめぐる課題……120／ （4）自律的キャリア開発をサポートするしくみづくり……122

4．エイジレス就業システムをめざして ──────────124

第7章　若年者の就業行動と若年労働者問題 ──────────127

1．「若年労働者問題」とは何か ───────────────128
   （1）問題視される若年労働者……128／ （2）若年労働者問題と職業意識の変化……129

2．若年者の離転職と職業経歴 ────────────────134
   （1）若年者の転職率……134／ （2）青年期の離転職の「普遍性」とその社会的容認……135

3．日本的雇用慣行と若年層の就業行動 ──────────136
   （1）年功序列下での若年者雇用のメリット……136／ （2）日本的雇用慣行の見直しと雇用の流動化……138／ （3）雇用の多様化と若年層の離転職……140

4．おわりに ───────────────────────141

第8章　女性の職場進出と働き方の変革 ───────────145

1．女性労働の変遷 ───────────────────146
   （1）雇用の女性化……146／ （2）女性雇用の拡大要因……147

2．法制度の整備と女性労働の現状 ──────────────149
   （1）法制度の拡充とその問題点……149／ （2）均等法下の雇用管理と女性活用……154

3．女性労働の変革に向けて ─────────────────157
   （1）職域の拡大と熟練化……157／ （2）働き方の開拓と主婦としてのキャリアの活用……158

4．おわりに ───────────────────────160

第9章　非営利組織の機能と働きがいの創出 ─────── 165
　1．NPOとは何か ──────────────────── 166
　　（1）アメリカ非営利セクターの種別……167／（2）アメリカ非営利活動の担い手……171
　2．非営利セクターの発展の歴史 ──────────── 171
　3．日本におけるNPOの現状と課題 ────────── 174
　4．NPOの社会的機能 ─────────────── 177
　5．行政・市場・NPO──結びに代えて── ─────── 179

第10章　労働者と労働組合の行方 ─────────────── 185
　1．労働生活における労働組合の機能 ──────────── 186
　2．組合員の労働組合観と労使関係観 ──────────── 189
　3．個別的紛争の増加 ─────────────────── 193
　4．中小企業と組合組織化 ───────────────── 194
　5．職場における仲間関係の意義 ────────────── 198

序章
問題の背景と本書の狙い

はじめに

　日本の経済社会はいま，技術革新と情報化，国際化のなかで大きな変動にさらされている。それとともに，長引く不況や失業率の高まりによって社会全体が閉塞感におおわれているようにみえる。本書は，職業生活とそれが営まれる場としての組織という領域に軸足をおいて，こうした変化の様相をとらえ，社会学的アプローチを中心に学際的な観点も交えて，その含意や課題を検討しようと試みたものである。

　現代の産業社会と職業生活をめぐる諸問題を実証的に分析する上で，本書は二部構成をとっている。第Ⅰ部は〈環境変化と組織の対応〉と題し，マクロレベルの経済社会の構造変動と，メゾレベルの組織の対応行動および制度変化に焦点を当てている。第Ⅱ部は〈変わる組織と個人の働き方〉と題し，焦点をミクロレベルに移して，中高年，若年者，女性の労働問題とともに，労働組合の機能や，企業とは異なる原理をもつNPO（非営利組織）の可能性も取り上げている。

　この序章では，本書全体にかかわる問題の背景を整理し，各章ごとの狙いを明らかにしている。

　第1に，20世紀後半，とくに石油ショック後の経済社会を変動させた要因をあげた上で，第2に，「日本的経営」に光と影のふたつの側面があることを指摘し，近年の「日本的経営」の動揺あるいは変容が意味するものを検討しようとしていることを示す。そして第3に，「日本的経営」がその社会的統合力を弛緩させてきたとき，それに代わる統合メカニズムは何か，「日本型労働者像」はどう変容していくかについて，問題提起を行っている。

1. 問題の背景

20世紀の第4四半期に経済社会を変動させた主な動因を探るならば，少なくとも次の3点をあげることができよう。

第1は，電子工学の発達による技術革新（いわゆるME革命）と，それに結びついた情報化のいっそうの進展である。これは生産現場から流通や管理に至る労働の様態を変え，さらには消費生活や余暇生活の営み方にまで影響をもたらした。そしてこんにちでは，コンピュータなしの組織運営や職業生活は考えられなくなっている。この事態をもたらしたのは科学技術の進歩ではあるが，それを組織と労働の現場に普及させ浸透させたのは石油ショック（1970年代中葉）後における国際場裏での企業間競争の激化であったといってよい。

情報化の進展は肉体労働の現業職を減らし，代わって知的労働の技術職を増加させた。それとともに雇用形態を多様化させ，非正規雇用による就労の可能性を広げた。このような就業構造の変化と並行して，経営と管理も工業化時代のそれから脱皮し，情報化時代に適応した新しいスタイルが求められるようになった。それに対応して組織も，階統的構造をそなえた大型組織から，フラットなネットワークで結ばれた小型組織への移行が追求されている。それと同時に，経営と労働との直接的な情報交換と意思疎通が，コンピュータ化で可能となってきている。

こうした趨勢のもとで，労働組合も新たな挑戦を受けている。労働組合の主力を担ってきたのは，大規模工場に集中され，階級的に経営者から隔絶された現業職の肉体労働者であった。しかし，いまやそのようなタイプの労働者は構造的に減少し，知識労働者が増え，しかも職場が規模を縮小して分散化し，非正規雇用の労働者も多くなり，組合にとって伝統的な組織化のスタイルではカバーできない分野が広くなっている。

第2は，経済活動のグローバリゼーションである。資本と労働が国境を越えて移動し，製品やサービスが地球規模で交換されている。そして多国籍企業の

展開がますます顕著となり，中小企業も含めて企業の海外進出がいっそう活発になってきている。その過程で，企業の現地適応と異文化葛藤の問題が広く浮かび上がってきたが，その一方で技術面では国際基準の形成も進められてきた。

労働組合はこの点でも挑戦を受けている。資本と経営はグローバル化していても，労働組合はすぐれてナショナルな枠組のなかで組織され活動している。資本と経営のグローバリゼーションに対応した，労働組合の実効性をともなったインターナショナリゼーションが求められてきている。

グローバリゼーションの主な推進力をなしているのはなんといっても米国経済である。さきに述べた情報化の波にしても，90年代に主役を担ったのはアメリカのコンピュータ技術である。これが，次にふれる新自由主義思想と「アングロサクソン型」資本主義経営の国際的広がりとあいまって，グローバリゼーションはいわばアメリカニゼーションとして展開している観がある。

第3は，政策思想として新自由主義が支配的となったことであり，そのもとで規制緩和や民営化の措置がとられ，国家による保護や社会保障に代えて個人の自己責任による経営と就労，そして個人ベースでの生活設計が強調されている。そのなかで，福祉と公正を追求してきた労働組合は競争と効率に価値を置く新自由主義思想に大きな揺さぶりをかけられている。

1980年を挟む数年間に英米で採られたドラスティックな新自由主義政策は，社会的緊張を高め社会紛争を発生させながらも国民経済の閉塞状況を突破し，それを成長軌道に乗せることに成功した。そして80年代から90年代にかけて，広く他の地域の政府もこの政策思想に準拠するようになった。長く社会民主主義勢力が政権を握ってきた北欧や中欧の国々では「福祉国家」政策が多かれ少なかれ後退し，東欧やロシアでは社会主義が崩壊して自由主義志向の政権が生まれ，そのもとで所有の民営化と経済の市場化が実施され，社会主義政権を堅持する中国やベトナムでも経済の市場化と開放化が推し進められている。それはたんに政府の政策思想にとどまらず，企業経営のイデオロギーにさえなっている。

他面，自由な市場の動きに経済社会を委ねると，雇用の不安定，不平等の拡大，福祉や教育など市場メカニズムに乗らない生活領域の軽視，そして弱者の切り捨てが起こりかねない（高梨，1999）。これに歯止めをかける機能を担うものとして，国家と労働組合があげられる。しかし国家は規制の緩和や撤廃，業務の民間委託，国有企業の民営化などによって，その機能を縮小される傾向にある。労働組合も雇用と就労の多様化のもとで，多くの国で組織率を低下させている。

以上でふれた変動要因は，日本の経済社会と組織，経営と労働にも顕著な変化をもたらしている。

2. 問題の所在

かつて日本のめざましい経済発展の秘密を探るべく来日したOECD調査団は，その秘密を「年功序列」「終身雇用」「企業別組合」という「三種の神器」に見出し，それと関連して企業内従業員福祉と組織内の集団主義に着目した（OECD，1977）。それと前後して，諸外国から「日本的経営」の長所が注目され，日本企業で発達した経営哲学，管理技法，作業方法などが学習の対象とされた。折しもフォーディズムの限界とポスト・フォーディズムへの産業社会の移行が展望され，「豊かな社会」の到来と市場の「成熟化」のもとで，大量生産・大量消費型に代わる新たな発展路線が求められだし，需要の多様化・細分化・短期化に対応できる生産方式が追求されるようになった。そして，それに対応すべき人的資源（多能的な人材），フレキシブルな組織構造，自律的な作業集団を日本企業にみて，これらを取り入れる企業が世界各地に現われた。また，欧米では伝統的に産業レベルで発達していた団体交渉制度が弱められ，企業内での労使協調が広がり，労使関係が企業内化する傾向も進んだ（Martin, Ishikawa, Mako, Consoli, ed., 1998）。これら一連の現象は「ジャパニゼーション」と呼ばれもした。

しかし「日本的経営」には影の部分もある。そのひとつはあまりに強い集団

主義的求心力から派生する，企業に対する過剰なコミットメント，長時間労働と仕事一辺倒の生活，そこから生ずる家庭生活の軽視，職場ストレスの蓄積と過労死など，「日本型労働疎外」ともいうべきものがそれである。

　他のひとつは，「日本的経営」のなかの従業員の身分的階層分化である。年功序列のもとでは若年層が最下層を形成し，賃金の点でも権限の点でも下位に位置づけられる。そして終身雇用のもとで，彼らは年を経るにしたがって昇給し昇格し，しだいに上位へと昇進する。しかし，組織は従業員を皆この昇進ルートに乗せるわけにはいかず，短期雇用を前提とした従業員を別に用意している。パートやアルバイトなどの非正規従業員のほかに，正規従業員のなかでは女性がそれに当てられてきた。

　「日本的経営」はこうした構造的矛盾を抱えてきたが，実はここ四半世紀にその内実が変質してきていた。「日本的経営」が国際的にも注目を浴びていた頃，日本企業の内部では「三種の神器」がしだいに崩壊傾向を辿りだしていたのである。試算によれば，もともと日本の雇用者のなかで「年功序列」と「終身雇用」と「企業別組合」のもとで職業人生を全うする者はせいぜい2割台にすぎなかった（安藤・石川編，1980）が，80年代には年功給と職能給の割合が逆転し，賃金制度の「能力主義」化が進み，90年代には長期雇用慣行が動揺してきた。そしてこれらを根拠づけるイデオロギーとして，競争と自己責任を優先する新自由主義思想が経営者に普及し，容赦ないリストラとそれにともなう人員削減もそれによって合理化されている。他方，企業内での職業的社会化を経て，企業にアイデンティティを抱いて職業人生を続けてきた従業員にとって，これは従来依拠してきた価値と規範を喪失させられることを意味するだろう。そこに現われるのはアノミー状況だといえよう。この問題はとくに中高年層にとって深刻である。

　しかしこうした変化は，技術革新と情報化のいっそうの進展，さらにはグローバリゼーションの波とあいまって，新しい職種の形成と雇用形態の多様化，伝統的な組織構造と処遇システムからの脱皮をも促し，それによって「日本的

経営」の影の部分に光を差し込む可能性を孕んでいる。その可能性の芽はいまどんなかたちで現われ、どんな展望へと結びつくのか。これが本書の基本的問題意識をなしている。

3. 日本的経営と日本型労働者像

「日本的経営」は従業員の長期雇用を保障し、生活の必要に対応するような形で昇給する年功賃金を組み、充実した企業内福祉を提供してきた。これによって雇用と生活の安定は確保されてきたとしても、はたしてそのもとで従業員が労働生活にどれだけ満足感を抱いてきたかというと、疑問が出てくる。

1980年代中葉に電機労連（現・電機連合）が実施した欧亜10ヵ国の労働者意識調査の結果（電機労連，1986）によると、職場生活に対する満足度は日本が下から2番目に位置し、国際的にみてかなり低いことがわかった。これに対して、それがもっとも高かった国はスウェーデンである。また、「会社の発展のために最善を尽くしたい」という回答者の比率は10ヵ国中で日本は中位に位置するが、スウェーデンは最上位にくる。さらに、いまの会社をやめようと思ったことが「しょっちゅう」「しばしば」あるいは「ときどき」あるという者の比率は日本では6割近くを占めて10ヵ国中やはり中位にくるのに対して、スウェーデンでは約4割で西ドイツと並んでもっとも少ない。

この2つの国を比較してみると、日本における労働生活の質的特徴が浮かび上がってくる。スウェーデンの労働者は職務満足も企業への貢献意思も定着意思も国際的にみてたいへん高い。これに対して日本の労働者はけっして高くはない。ところが、それにもかかわらず日本の労働者の多くは会社を変えず、満足感も貢献意思も高くないまま実際には同一企業に定着している。今の会社に入る前にどのくらい会社を変えたかと問うと、一度も変えたことがないという者の比率は日本では7割を超す。これに対してスウェーデンではそれが2割に満たず、多くの労働者がその職業人生において企業間を移動している。

日本では職場生活にかならずしも満足せず、会社を変えたいと思うことのあ

る労働者が多いにもかかわらず、じっさいには同一企業のなかにとどまっている。そして企業貢献意思も高いとはいえない。他方スウェーデンでは、職務満足が得られず貢献意思も湧かない会社からは早々と出て行き、自分に満足のいく会社を新しく選んでそこに移る。そして今いる会社には満足しているから定着しているのであり、その会社に貢献意思を抱くのは当然である。やめたい時には我慢せず、納得のいく会社をあらためて探す。このようなスウェーデン型労働者像が描けてくる。そこには情緒的・集団主義的な行動様式をとる日本型労働者像とは異なる、合理的・個人主義的な就労行動をとる労働者像を見て取れる。

　ここで、このようなスウェーデン型労働者像が成り立ちうる構造的・制度的条件に着目する必要がある。そのような条件として考えられうるのは、第1に充実した社会保障、第2に女性の職場進出、第3に開かれた労働市場の存在である。失業手当、医療保障、無料の学校教育、そして配偶者の所得があるため、労働者はひとつの会社から他の会社に移る過程で生ずる生活のリスクをあまり心配せずにすむ。そして開かれた労働市場で適職を選択できる。こうした条件が備わってこそ、上に描いた就労行動をとることができているといえよう（石川編、1988）。スウェーデン人の国民性などといった文化的・心理的特性からそれを説明するのは適切ではない。

　事実、1990年代中葉にもう一度行われた調査では、異なる労働者像が浮かび上がってきた。スウェーデンでもこの間、深刻な経済不況、福祉政策の後退、労働者参加の制限、そして企業のリストラと失業者の増加というように、労働生活を取り巻く環境は大きく変わり、上にあげた制度的土台が大きく揺らぎだした。それを背景に労働者の意識もかなり変容した。職務満足も企業貢献意思も大幅に低下したのである。この第2回電機産業労働者調査には14ヵ国が参加したが、そのなかでスウェーデンはもはやトップの座になく、職務満足では第7位、企業貢献意思では第5位に後退した（電機連合、1996）。

　日本の経済社会がいまひとつの大きな変動期にあり、年功序列と終身雇用と

企業別組合を支柱とし集団主義的価値と行動を内実として成り立っていた「日本的経営」がその社会的統合力を弛緩させてくるとすると，それに代わってどんな統合メカニズムがこの社会に生まれてくるのか。「日本的経営」の影の部分が払拭されることによって労働生活に光が差し込むとしても，そこであらたに照らし出されてくるものは80年代中葉の調査で浮かび上がった合理的・個人主義的な爽やかさをもったスウェーデン型の労働生活のようなものなのだろうか。しかし，それは福祉国家と産業民主主義を前提として成り立っていた労働生活であり，80年代中葉とその10年後の調査結果をみるかぎり，その前提が崩れてくると，一種のアノミー状況が労働生活を覆うにいたるとみられる。

　では一体，「日本的経営」の変質から，それを前提としてきた「日本型労働者像」はどう変容していくのか。この問いを背景にもちながら，経営，組織，雇用・人事処遇，および労働生活の変動過程とそれの経済社会および働く人間にとっての含意を検討する——これが本書の主な課題である。

4. 本書の構成

　こんにち企業組織・職場関係，従業員の状況をめぐる問題は多岐にわたっているが，本書では全体を二部構成に整理している。

　まず第Ⅰ部は＜環境変化と組織の対応＞と題し，マクロレベルにおける経済社会の構造変動と，メゾレベルにおける組織の対応行動および制度変化に焦点を当て，とくに人的資源管理の変容と従業員にとってのそれの意味を検討する。次いで第Ⅱ部＜変わる組織と個人の働き方＞では，焦点をミクロレベルに移し，従業員総体のなかでとくに注目を呼んでいる層，すなわち中高年者，若年者，女性について章を起こす。そしてさらに，企業社会の外部で展開しつつあるボランタリーな活動としての就労の現状および可能性と，企業社会のなかで働く者の利益と権利を護り広げるべき組織としての労働組合の機能とその問題点を探っていく。

　第Ⅰ部は本書前半の5つの章からなる。

まず，第1章「人事労務管理の動向と企業の選択」（林大樹）では，グローバリゼーションと工業化経営から情報化経営へという傾向的変化のもとで進行している人事・賃金制度の「能力主義」化と，管理の焦点が「人基準」から「仕事（または成果）基準」に移ってきていることを分析的にスケッチする。

　第2章と第3章は，情報化とグローバリゼーションという環境条件の変化をそれぞれとりあげ，それとの関連で企業行動と組織過程を追究していく。このうち第2章「知識・情報化のなかの企業組織」（福谷正信）では，研究開発型でかつ新市場創出型の企業群を念頭に置きながら，技術革新・情報化のなかでの企業の戦略的・組織的対応を描きだそうと試みる。ついで第3章「国際化のなかの企業組織」（佐々木茂）は，海外進出の展開のもとで要請されてくる国際標準と，それをふまえた国際企業経営，とくに国際人的資源管理に焦点を置き，民族中心的経営からの脱皮と，そのなかでの従業員個々人の対応のあり方を問い，仕事・能力におけるたえざる自己革新と多様な価値の相互承認の必要性を提起している。

　第4章「環境問題と企業の対応」（山田修嗣）は企業とエコロジーの関係を取り上げる。しかしここでは，企業の環境破壊行動を糾弾するという従来型のアプローチではなく，企業を取り巻く社会経済的変化のなかで企業が積極的な環境政策をもつようになる必然性に着目する。そして，環境政策の策定とその遂行過程に従業員を参加させ，企業の対外的イメージ・アップだけでなく従業員の企業アイデンティティを高めている事例を紹介し分析し，さらにまた参加型の持続的発展の可能性を展望している。

　第5章「行政改革と公務員労働」（星野潔）では，対象を民間企業から行政組織に移し，行政改革，規制緩和，民営化の過程を概観しつつ，その公務員労働への影響をみつめる。民営化による公務員の民間労働者化，外部委託等による「市場」への依存化なども視野に収めながら，行政内部での能力主義・業績主義的人事管理の導入と推進の傾向が，ここで指摘されている。

　次の章からは第Ⅱ部となり，働く個々人の問題に焦点が置かれる。

まず第6章「雇用環境の変化と中高年の職業人生」(田島博実)は，とくに中高年の男性を取り上げ，この層を取り巻く経済環境および企業内諸制度の変容と，そのもとでの個人のキャリアと仕事の変化を跡づけ，職業人生の再編成とその問題点をエイジレス就労システムへの展望のなかで論じている。

第7章「若年者の就業行動と若年労働者問題」(井出裕久)は，視点を若年層に移し，経営と労働の文脈でなぜ「若年者」が問題とされてきたのかを検討し，その問題の基礎に従来型の「日本的雇用慣行」があることを指摘する。そしてこんにち，その「慣行」が崩れ，雇用形態の多様化が進むなかで，若年者の職業的社会化の問題があらためて浮かび上がってくることに言及する。

第8章「女性の職場進出と働き方の変革」(加藤裕子)では女性層を取り上げ，ジェンダーと労働の問題を検討する。ここでは女性の家事育児への拘束や職場での差別に対する糾弾といった伝統的女性労働論を超えて，女性労働における職域拡大と高技能化，経営にとっての女性活用の必然性に着目し，雇用と勤務形態の多様化，労働力編成の弾力化と多様化という流れが，女性労働にポジティブなかたちで結びつく可能性を追求している。

第9章「非営利組織の機能と働きがいの創出」(時井聰)では，企業における労働と職業人生から離れ，ＮＰＯ組織に眼を転じる。そして，こんにちの社会では，一方では市場にのらない社会的ニーズが，他方ではボランタリーな活動をつうじて社会にかかわろうという志向が広がりをみせていることが論じられる。そのなかで，両者を結びつけるかたちで「組織と労働」の新しいありかたが追求され，巨大化し硬直化している経済・行政システムに対峙すべき民主的でネットワーク型の組織が求められている，というパースペクティブに立脚して，本章ではＮＰＯ活動の米国での経験と日本の現状を紹介しながら，その現実的諸問題を提起している。

最後に第10章「労働者と労働組合の行方」(石川晃弘)は，労働組合組織率が落ち込み労働争議も減少している事実のもとで，経営対労働の対抗図式を前提とした労使関係観が現実にそぐわなくなったかにみえながら，じつはその裏

で個別的紛争や葛藤が増加している現状を指摘する。そして，企業と個人の間で発生する顕在的紛争や潜在的葛藤を，経営と組合の間での集団的交渉と問題処理へと結びつけるべき，職場レベルの中間的諸関係の機能における問題の所在を指摘している。

　こんにちのように変化が激しい時代には，社会的現実を論じるさい，とかく事実関係の確実な認識を経ないで，思い込みで議論を展開し，主観的な理想論や悲観論で現実を裁断してしまう誘惑にとらわれやすい。本書の各章ではそれを避けるため，実証的なデータに基づいて事実関係を整理し議論を組み立てていくことを基調としている。その基調の上に，各執筆者がそれぞれの章で自己の見解を提示している。

引用・参考文献

安藤喜久雄・石川晃弘編（1980）『日本的経営の転機――年功制と終身雇用はどうなるか――』有斐閣

電機連合（1996）「14ヵ国電機労働者の意識調査（第2回国際共同意識調査）結果報告」『調査時報』第287号，労働調査協議会

電機労連（1986）「10ヵ国電機労働者の意識調査結果報告」『調査時報』第212号，労働調査協議会

石川晃弘編（1988）『産業社会学』サイエンス社

Martin, R., Ishikawa, A., Mako, Cs. & Consoli, F., 1998, *Workers, Firms, and Unions: Industrial Relations in Transition*, Peter Lang.

OECD著，日本労働協会訳編（1977）『労使関係制度の展開』日本労働協会

高梨昌（1999）『雇用政策見直しの視点』労務行政研究所

第Ⅰ部　環境変化と組織の対応

第1章
人事労務管理の動向と企業の選択

はじめに

　人事労務管理の役割は，個人を組織に統合し，職務遂行を動機づけることである。人事労務管理の対象は労働者個人あるいはその集団であるから，人事労務管理の制度と活動は雇用関係を規制する法律，労働組合との協約，業界や職場の慣行などさまざまなルールによって制約される。個人の組織への統合や，職務遂行の動機づけのためには，賃金など金銭的報酬が重要な役割を果たすし，そもそも人事労務管理のあらゆる活動は直接・間接の費用を必要とする。つまり，人事労務管理は市場状況や予算制約といった経済的な制約条件のもとで行われる。さらに，人事労務管理の対象は社会的，文化的背景と個人的心理特性をもつ人間である。このことを軽視するわけにはいかない。

　組織のリーダーが果たすべき人事労務管理上の役割は，このような法的，経済的，社会的，文化的，心理的な諸条件の制約下で，組織目標達成のために，いかに組織メンバー（人的資源）を動員するかを構想し（組織・人事戦略），動員のための装置（システム）を設計し，そうした装置を活用しながら直接・間接にメンバーに働きかけていくこと（リーダーシップ）である。

　本章では，現在の日本企業という「組織」とそこで働く「個人」の関係のあり方を人事労務管理を通して考察する。一口に日本企業といってもさまざまであるが，共通の歴史的，法的，社会的状況下で，人事労務管理にも一定のパターンやモデルが形成されていると思われる。そうした現代日本企業の人事労務管理のモデルのゆくえを雇用と賃金を中心とする大きな流れのなかで見定めたいと思う。

1. 雇用理念と雇用システムの方向

人事労務管理の制度設計の出発点においては，誰が，誰のために，何を，どのように方向づけるのかといった基本コンセプトが必要である。そうした基本的な価値観あるいは設計思想のエッセンスは，雇用理念に集約されているといってよいだろう。この節では，現在の日本企業がどのような雇用理念をもち，その理念の方向で経営活動を進めるために，どのような雇用システムが望ましいと考えているのか探っていく。

(1) 雇用理念としての終身雇用とその実像

戦後日本企業が追求した雇用理念として，終身雇用の理念が知られている。終身雇用理念の実現をめざした企業では，賃金，退職金，昇進・昇格，教育訓練などのあらゆる人事処遇制度は，従業員の定年年齢までの自社での雇用保障に関する，労使の共通理解を土台として組み立てられていたといえる。

終身雇用理念の適用範囲が大企業と官公庁などに限られる，さらには対象層が正規常用従業員に限られるといった限定があるとしても，理念としての終身雇用の意義が減らされるものではない。なぜならば，終身雇用を実現できない日本企業はその企業に課せられた制約条件のために心ならずも実現できなかったのであり，それ以外の雇用理念を積極的に打ち出していたわけではなかったからである。

長期不況に企業倒産や金融危機などの暗いニュースが続く昨今，終身雇用の動揺や崩壊がマスコミで盛んに報じられているが，そうした報道はなにも今回が最初ではない。終身雇用理念は経済の高度成長とともに順調な歩みを続けていたが，第1次石油ショックに続く不況下で経済成長の基調が低成長に転化したことを認識し，加えて労働力の高齢化と定年年齢の55歳から60歳への延長を不可避と認識した経営者たちの間では，すでに1970年代後半に終身雇用理念は動揺を始めていた（林，1982）。

第1次石油ショック（それにともなう不況期1974年1月～75年3月，以下同様），第2次石油ショック（1980年2月～81年5月）および円高不況（1985年10月～86年8月）の3回の雇用調整を対比検討した実証研究は次のように指摘する。すなわち，雇用システムの面で日本企業の根幹をなしている「終身雇用」制度は，たんなる慣行ではなく，第2次大戦後の雇用保障に関する法的規制（とくに判例による）および労使交渉の圧力によるものであるが，こうした雇用保障に関する規制の強化にもかかわらず，石油ショックおよび円高による構造調整の過程で，かなり大規模の雇用調整が行われ，「終身雇用」の慣行に守られている正規従業員を減らし，より流動的な労働力に置き換える諸方策がとられた（神代，1989，pp.311～312)。

(2) 「労働力流動化」促進論の登場

終身雇用理念の見直しを迫る環境条件は，1970年代には低成長と高齢化が主要なものであった。1980年代になると，それに国際化や情報化といった要因が加わった。さらに，バブル崩壊後の長期不況下で日本の経済社会がいちじるしい閉塞感に覆われた1990年代後半，株主主権の企業統治論の立場から，企業の雇用責任の放棄が次のように主張されるに至った。

「株主主権の復活を中心とする企業統治論が重視されてきているのは，日本経済の高度成長の時代が終わり，経済の効率が極端に悪化してきているからである。経済を再活性化させ，効率を引き上げて行くには，労働力をはじめとして資源を不効率な分野から，より効率的な新しい分野に早急に移転させなくてはならない。」「成長性を失った企業は，徹底的な合理化によって，株主資本利益率（ROE）を引き上げて行くべきである。このリストラによって生み出される余剰な労働力と資本は市場に返還されて行くことこそ望ましい。」

「企業経営がより高い効率を要求されてくるのであれば，企業の雇用責任という概念は放棄されなくてはならない。不効率な大企業や政府部門が優秀

な人材を抱え込み過ぎるのは反社会的行為である。資本と同じように，労働の流動化も促進されるべきであり，雇用責任を楯に不効率な経営が許されてよいわけがない。雇用は，政府の責任によるマクロの経済政策によって維持されるべき問題である。」（中前　忠「日本経済新聞」1997年10月6日）

エコノミストによるこのラディカルな主張は，厳しい経営環境下で終身雇用が維持できるか，できないかという次元の議論ではまったくない。終身雇用が経営の効率を悪化させるのであれば，それは社会的に望ましくない（反社会的行為だ）とする主張であり，企業に日本経済の効率向上のための労働力流動化の促進を求めているのである。おそらく，この主張が実現されれば，雇用の安定を重視するこれまでの日本企業の企業内労使関係は根底から崩壊するであろう。そして，企業が雇用責任を放棄すれば，従来型の企業共同体は完全に解体し，従業員の企業帰属意識は消え，基幹従業員層の掌握に有効だったこれまでの人事政策は通用しなくなるだろう。そうしたシナリオが実現する可能性にも配慮しながら，これからの人事労務管理の動向をみていく必要があるだろう。

(3) 終身雇用理念の行方

ところで，実際のところ，現在の日本企業は終身雇用の理念をどのように考えているのだろうか。

経済企画庁の「平成9年度企業行動アンケート調査」は，日本的経営システムの再考をテーマとして行われ，「雇用方針のあり方」について，現在企業で主流となっている方針と今後5年間に重要性の高まる方針を調査している。

それによれば，現在主流である方針は「長期継続的雇用」（53.7%），あるいは「どちらかといえば長期継続的雇用」（41.0%）である。「どちらかといえば長期継続性を前提としない雇用」（4.4%）や「長期継続性を前提としない雇用」（0.9%）はごく少ない。

ところが今後5年間に重要性の高まる方針に目を移すと，様相は一変する。

「長期継続的雇用」(9.3%) は1割以下に激減し,「どちらかといえば長期継続的雇用」(46.9%) は半数近くあるものの,「どちらかといえば長期継続性を前提としない雇用」(38.3%) が4割近くに急増し,「長期継続性を前提としない雇用」(5.0%) も増えている。

　この調査結果をどう評価すべきであろうか。企業の雇用方針において長期継続的雇用が見直され，長期継続性を前提としない雇用に向かう地滑り的シフトが示されているようである。ただし，純粋に長期継続性を前提としない雇用方針を決断した企業はまだ少ない。「どちらかといえば」という回答も含めるならば，長期継続的雇用を近い将来の雇用方針として維持すると答えた企業は，依然として過半数に達しているのである。企業が長期継続的雇用を完全には放棄しがたいとする側面もうかがえるのである。

　日本労働研究機構が1998年2月に実施した調査では，企業に終身雇用慣行の現状と将来を職種別に細かくたずねている。ただし，調査結果において職種別の差異はあまりみられず，現在まで，「原則として，定年まで雇用してきた，または定年後も一定期間，勤務延長や再雇用で働いてもらう」という終身雇用の考え方が，いずれの職種についても8割に達している。今後については，この割合は低下するものの，なお6割の企業が終身雇用を維持しようとしているのである（日本労働研究機構，1998）。

(4) 雇用形態の多様化と今後の雇用システムの方向

　日経連（日本経営者団体連盟）の『新時代の「日本的経営」』は，次のように主張している。すなわち「最近の雇用調整等，一連の動きによって，これまでに確立された長期継続雇用が崩壊する方向にあるとみる向きもあるが，それは正しい理解の仕方ではない」「むしろ，雇用調整のシステムの存在が長期継続雇用の慣行を支えてきたと理解すべきであ」る。「わが国の雇用慣行は，時代の諸環境の変化に柔軟に対応して今日にいたっているが，長期的視点に立って，人間中心（尊重）の下，従業員を大切にしていくという基本的な考え方は変わ

っていない」(日経連, 1995, pp.30～31) と, 雇用システムの柔軟性を指摘しつつ, 長期継続雇用の雇用理念は堅持されるべきであると, 述べている。

しかしながら, 同時にそこでは,「雇用の動向を全体的にみれば, 好むと好まざるとにかかわらず, 労働市場は流動化の動きにある」(日経連, 1995, p.33) ことも指摘される。日経連が実施したアンケート調査が引用され, 今後の雇用形態について, 企業の多くが考えているのは,「全従業員を流動化させる」のではなく,「長期雇用者と流動化させる雇用者との組み合わせ」であるとされる (日経連, 1995, p.31)。日経連がみるところでは, 長期継続雇用の雇用理念の堅持と労働市場流動化への対応という一見矛盾する動きは, 企業が雇用形態の多様化を活用することを通じて両立可能だというのである。

『新時代の「日本的経営」』では, 今後の雇用形態のあり方として, 次の3つが想定されている (日経連, 1995, p.33)。

① 従来の長期継続雇用という考え方に立って, 企業としても働いてほしい, 従業員としても働きたいという, 長期蓄積能力活用型グループ
② 企業の抱える課題解決に, 専門的熟練・能力をもって応える, 必ずしも長期雇用を前提としない高度専門能力活用型グループ
③ 企業の求める人材は, 職務に応じて定型的業務から専門的業務を遂行できる人までさまざまで, 従業員側も余暇活用型から専門的能力の活用型までいろいろいる雇用柔軟型のグループ

この3つの雇用形態の従業員グループの構成比率について, 日経連労務法制部長の荒川春は「企業を対象にしたフォローアップ調査では, 長期蓄積能力活用型は7割程度が適当という回答が出た。現在は約8割だから1割ほど少なくする程度だ。全部を流動化しようというわけではない」(「週刊労働ニュース」1998年2月16日) と指摘する。平均すれば, 7割の長期雇用者と3割の流動的雇用者とを組み合わせる雇用システムを企業は考えているようである。

2. 経営課題と人事労務管理の動向

現代日本企業は前節でみたような雇用理念と雇用システムの基本コンセプトを土台としながら，現在直面する，あるいは今後予想される具体的な経営課題に対処するための人事労務管理制度の設計に取り組んでいるものと思われる。この節では，現在の日本企業がめざす人事労務管理の基本システムの特徴が，どのようなものかを探っていくことにする。

(1) 日本企業の経営課題

富士ゼロックス総合教育研究所は，日本企業の多くが共通して重要視している経営課題を調査し，『'96 人材開発白書』で紹介している。そこでは経営課題の重要度が「とても重要な課題」を4として，以下，「重要」を3，「どちらかというと重要」を2，「経営課題とはなっていない」を1とした平均値が示されている。平均値が2.50以上の項目を値の高い順に列挙すると次のとおりである。

〔項目〕	〔平均値〕
a．利益があがる体質づくり	(3.45)
b．社員の意識改革や活性化	(3.03)
c．変化に対応できる組織づくり	(2.84)
d．業績や能力差を反映した給与体系への変更	(2.83)
e．革新や新事業への挑戦を可能にするしくみづくり	(2.76)
f．自社の事業構造の変更	(2.71)
g．ビジョンの浸透を通じた経営	(2.66)
h．本業の成熟化による新事業分野への転換	(2.55)

ここから，現在の日本企業は，利益の確保を至上命題とし，そのために会社の体質，社員の意識および組織のあり方を改革し，とくに人事労務管理面では「業績や能力差を反映した給与体系」に向けての改革を必要と考えている様子がうかがえる。

(2) 人事労務管理の今後の方向性

前項でみたように，今後の日本企業の人事労務管理の方向性については，賃金・給与を中心とする人事処遇制度がどこに向かうかが関心の焦点となっている。3つの調査結果を紹介しよう。

① 連合総合生活開発研究所が1994年に公表した企業の人事担当者を対象にした調査によれば，企業はこれからの人事処遇面で，「業績・能力主義」を強化していく傾向が顕著であった。

まず，これまでの基本的な考え方をみると，「年功主義と業績・能力主義の折衷」が45.2％，「年功主義」が39.9％と続き，「業績・能力主義」は12.1％にとどまる。ところが，これからの人事処遇では，明らかに「年功主義」（わずかに 0.7％）から「業績・能力主義」（63.0％）へと軸足が動いている。現在主流の「年功主義と業績・能力主義の折衷」も15.5％と少なくなる（連合総合生活開発研究所，1994）。

② 経済企画庁の平成9年度「企業行動アンケート調査」によれば，現在主流である処遇の方針は「どちらかといえば年功主義的処遇」（46.8％）か，「どちらかといえば能力主義的処遇」（33.9％）であるが，今後5年間に重要性の高まる方針は「どちらかといえば能力主義的処遇」（55.1％）か，「能力主義的処遇」（36.2％）で，9割の企業が能力主義的処遇に傾いている。

③ 日本労働研究機構は，賃金制度の現状と今後についての企業調査を1998年に行った。それによれば，今までの賃金体系について67.8％が「どちらかといえば年功を重視してきた」と回答しているが，そう回答したなかのほぼすべての企業（99.2％）は，今後については能力主義への移行をめざしている（日本労働研究機構，1998）。

(3) 人事・賃金制度の能力主義化について

日本企業の能力主義人事処遇への指向性を示す似たような調査結果は少なくない。しかし，こうした調査結果の蓄積に目を向けるたび，不思議な思いにと

らわれる。というのは、日本企業が人事処遇制度の能力主義化に取り組みはじめたのは最近のことではなく（たとえば，日経連，1969）、また、能力主義を標榜する職能資格制度がすでに日本企業に広く受け入れられており、現在の日本企業の人事制度の主流となっている事実とそぐわないからである。能力主義という言葉の多義性の問題があることはたしかだろう。多くのアンケート調査において、能力主義という用語はもっと慎重に扱われなければならないし、そもそも能力主義のなかに能力開発主義と能力評価主義の2つの側面があることも踏まえておく必要がある（津田，1971）。

　さらに、人事・賃金制度の「能力主義化」には、「能力」と「仕事」と「成果」の3つの選択肢があるという点も見逃せない（今野，1997）。この3つの選択肢のなかの「能力」の側面に注目し、人事・賃金制度の能力主義化をすすめようとして、職能資格制度と職能給が導入されたのであった。

　しかし、現在、職能資格制度は、わが国大企業の企業経営の性質と労働力構成の変貌のもとで揺さぶられ、限界に直面しているといわれている（倉田，1993, p.95）。

　すなわち、高度経済成長期のわが国大企業は規模拡大を最優先の経営目標として追求し、その目標の達成手段としてキャッチ・アップ型の「工業化経営」を選択した。欧米最新技術の輸入および導入と機械設備の近代化、合理化を頻繁に実行する「工業化経営」にとっては、職務の変更や部門間の人事異動を円滑に行うことが必要であり、したがって、全社で一本化された職能資格体系を設定し、人事制度を包括的・一元的に管理することが合理的であった。

　また、労働力構成については、ゼネラリスト会社人として同質的なキャリア形成を行い、昇進・昇格を勤労意欲の源泉とする男子正規従業員が中核的労働力の位置を占め、しかも大多数の男子正規従業員の昇進・昇格期待を充足させられる程度のピラミッド型年齢構成が保持されたことが、職能資格制度を普及させた基本要因であった。だが、企業経営の基調は「工業化経営」から「情報化経営」へと転換してきているし、企業成長の鈍化と高齢化による昇進・昇格

機会の閉塞は，従業員の昇進・昇格への期待と意欲を減退させたのであった。

そうした職能資格制度の限界を突破しようとしている現在の日本企業が主張する「能力主義化」とは，前述の3つの選択肢のうちの「仕事」あるいは「成果」の側面を強調したものだと考えることができよう。

(4) 成果主義賃金の問題点

ところで，賃金の本質に立ち戻って考えると，大別して2つの賃金論がありうる。ひとつは賃金を労働力再生産のための資金と考える賃金論であり，たとえば生活給はここから発想される。もうひとつは賃金を労働の対価と考える賃金論である。こちらから発想されたのが，能力給や職務給や成果給である。

労働のように複雑な要素から構成されるものの価値を測定することはむずかしいので，価値の測定には工夫が必要である。労働とは，一定の能力を保有する労働者が職務（仕事）に取り組み，その結果，何らかの成果（業績）を生み出すことであると考えられる。このように労働をそれを構成する要素に分解すると，能力評価，職務評価，成果（業績）評価を通じて，労働者の能力の高低，職務（仕事）の難易，成果の大小の測定が可能となってくる。能力，職務（仕事），成果——それぞれの測定された価値が反映されたものとして能力給，職務給（仕事給），および成果給が成立するのである。

これら3つの賃金体系にはそれぞれ長所と短所がある。能力給の代表格である職能給についてはすでに前項で検討を加えた。職務給あるいは仕事給については後述するとして，ここでは成果給の長短に触れておきたい。

成果給は労働の結果，実現された価値を評価して決定されるので，企業経営のコスト管理上，もっとも望ましい賃金体系であろう。しかし，能力給や職務給に比べると，成果給は非常に不安定な賃金体系であり，労働者生活の維持を考えると，とくに賃金水準が低い場合には，これを基本給に採用することは望ましくないと思われる。また，短期的には個人間競争を刺激し，労働意欲を喚起する可能性があるものの，他方でチームワークを阻害し，組織の人間関係を

不安定にするリスクもあるといえよう。成果給の典型の出来高給などではこうした功罪も比較的容易に観察できる。したがって，これまで間接労働に従事するホワイトカラーに対して出来高給のような成果給が基本給として適用されることはまれであった。

しかし，最近は年俸制に代表されるように，必ずしも成果給とは呼ばれないが，「成果」の側面を強調した賃金体系の導入がホワイトカラーに対しても積極的に行われてきている。これらは従来の成果給と区別し，成果主義賃金と呼ぶことが適当であろう。従来の成果給が労働の量的な標準をあらかじめ設けて，その達成の程度を計測し，個人別あるいは集団単位の賃金決定を行ったのに対し，成果主義賃金は目標による管理（MBO）と連動し，組織目標と関係する個人目標の遂行度が評価され，個人別の賃金決定に反映される。個人目標の達成が，組織目標の達成にどれほど寄与するかという観点から，貢献度や成果責任（アカウンタビリティー）といった概念が導入され，成果の大きさの測定に用いられているのである。

ただし，こうした成果主義賃金の概念は職務（仕事）と切り離しては考えられない。さらにいえば，仕事を従業員個人にどう割り当てるかという職務配置の方が成果評価に優先すると思われる。たとえば，金型部品商社ミスミのように先鋭的な組織・人事戦略をもつ企業で試みられている「市場価値年俸制」と呼ばれる成果主義賃金にしても，役員であるユニットリーダーが戦略を示し，その下でチームリーダーが企画を示し，そこに人を集めるという「タスク中心の仕組み」と連動して導入されたものである（奥中，1997）。結局のところ，成果主義は次に述べる「仕事基準」に包含されるように思われる。

(5) 「仕事基準」の人事処遇制度

「能力」は人に属する要素なので，「職務遂行を通じて発揮される能力」と定義したとしても，学歴，年齢，勤続年数などの年功的要素からなかなか切り離すことができない。職能資格制度の行き詰まりの原因は，そうしたところにも

あった。現在の日本企業がめざす人事処遇制度の方向性は，そうした年功的要素あるいは「人基準」から脱却し，「仕事基準」を指向する方向にあると思われる。そうした方向性をもっとも明確に打ち出した見解のひとつを次にみていくことにしたい。

グローバルな人事報酬制度のコンサルティングをしている前田卓三は，日本企業の人事制度は戦後50年間，基本的には何も変わっていないと指摘している。

「日本の報酬制度は基本的に，歴史上一貫して『人基準』である。現在ほとんどの企業が採用している年功制度や職能資格制度，さらには最近導入企業が増えてきている年俸制も，人基準である。」

図表 1-1　21世紀の賃金
付加価値報酬制のイメージ

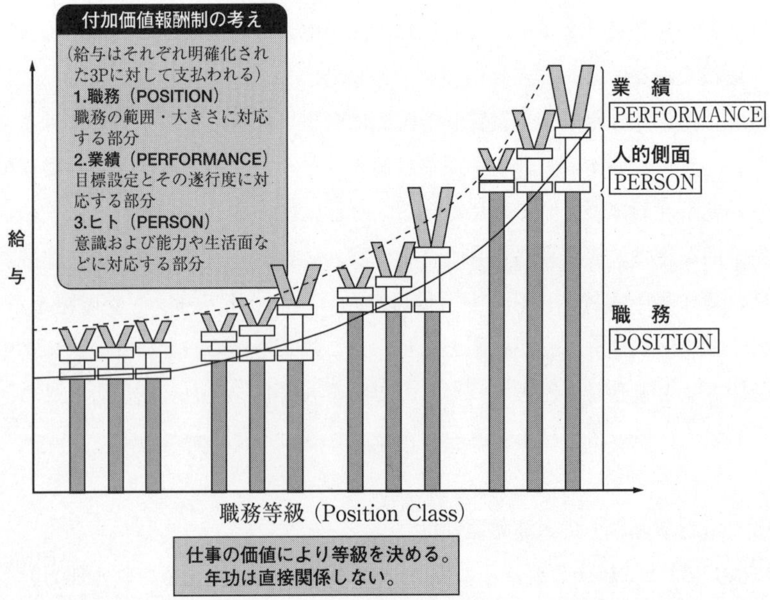

付加価値報酬制の考え
（給与はそれぞれ明確化された3Pに対して支払われる）
1. 職務（POSITION）
職務の範囲・大きさに対応する部分
2. 業績（PERFORMANCE）
目標設定とその遂行度に対応する部分
3. ヒト（PERSON）
意識および能力や生活面などに対応する部分

給与

業　績 PERFORMANCE
人的側面 PERSON
職　務 POSITION

職務等級（Position Class）

仕事の価値により等級を決める。
年功は直接関係しない。

出所）高橋佳哉・原　伸之・前田卓三『人事報酬マネジメント』プレジデント社，1997年，p.148

「今や日本の最大の弱点は，この『人基準の報酬制度』にある」。「人事制度の根幹は，何といっても報酬制度である。経済原理からいえば，会社は社員の労働の対価（すなわち創造した付加価値）に対して給料を払っているのであって，社員という人に払っているのではない。」「今日の先進国のなかで，給料を人に対して払っているのは日本だけである。」

「『付加価値』とは，会社の短期的あるいは長期的な利益への有形無形の貢献を言う。」

「多種多様な目的を持つ個人と，一つの明確な目的を持つ会社との，唯一の共通の接点は仕事である。したがって，これを核にして会社の目的に沿った個人の合理的な行動を誘発する明確なシステムを構築し，会社への貢献に応じて待遇にメリハリをつけることが，一方で会社にとっての合理的経済行動であると言える。」（前田，1997）

こうした考え方に基づいて設計された賃金体系が，図表1-1に示される「付加価値報酬制」である。図表に明らかなように，この賃金体系は，仕事の価値により決められる職務等級に応じた職務給を中心に置いている。すでに述べた能力給や成果給のような他の賃金体系の弱点を考えると，今後，日本企業が採用する賃金体系は仕事の価値（あるいは質）を基準とする職務給あるいは仕事給を主力とする方向に向かうのではないかと思われる。

3. 雇用・賃金動向と日本の選択

これまで，雇用・賃金の理念とシステムを中心に，現在の日本企業がどのような人事労務管理のモデルを選択しようとしているかをみてきた。雇用システムに関しては，中核部分で長期継続雇用を維持しつつ，流動的雇用をいっそう活用していた。賃金システムに関しては，成果主義を強調しつつ，「仕事基準」を指向していた。

こうした日本企業の選択は，日本企業における組織と個人の関係に再検討を迫るものであるし，それはすでに進行中である。そうした根本的な見直し作業

に際し，現時点で必要なのは，マクロの状況把握と個々の選択の道しるべとなるビジョンの提示ではないかと思われる。

『労働白書』（平成9年版）は，マクロの雇用と賃金の量的な動向に関する日本の状況を欧米と比較した興味深い分析を行っている。そこでは，日本，アメリカ，ドイツ（旧西ドイツ地域），フランスの4ヵ国について，① 就業者数（労働需要の量），② 実質賃金（労働のコスト），③ 実質GDPの推移を各国別に比較している。観察期間は1970年から1994年までの24年間である。

① 就業者数についてはアメリカの増加率（年率1.9％増）が高く，日本は年率1.0％増で比較的安定した増加を示している。就業者増加率が年率0.3％と低いドイツとフランスでは，就業者数が前年を下回る年もみられている。

② 実質賃金については，アメリカは年率0.6％増と停滞し，日本は同2.4％ともっとも高い増加を示している。ドイツ，フランスでは日本には及ばないものの，同1.8％増加している。

③ 1970年から1994年までの24年間における日本の実質GDP成長率は年率3.8％で，アメリカの年率2.6％，ドイツ同2.4％，フランス同2.5％を大きく引き離している。ただし，日本では1992年以降成長率が鈍化しているのに対し，アメリカでは1993年以降成長率が高まる傾向がみられる。

以上から，日本では相対的に高い成長の成果を，就業（雇用）と賃金の両方に配分することが可能だったのに対し，相対的に低い成長しか実現できなかった欧米では，アメリカでは就業重視，ドイツ，フランスでは賃金重視で，就業（雇用）と賃金のどちらか一方を取り，他は犠牲にしてきたことが明らかである。

日本経済の成長率鈍化を前提とすると，従来の雇用・賃金システムの継続が困難であることは明らかであろう。では，この先日本はどちらに向かえばよいのであろうか。すでにいくつかの提言も出されている。日経連は1997年の「ブルーバード・プロジェクト・プラン」で「第三の道」を提唱した（法政大学大原社会問題研究所，1998）。連合総合生活開発研究所は，1994年の『しあわせの未

来形」で「個人尊重・社会連帯」型の社会モデルを構想している（井上，1998）。

　最近，「グローバル・スタンダード」がかまびすしく論じられているが，そこでいわれている世界標準とは，国際的な規則や規範というより，むしろ国家や多国籍企業の打ち出した世界戦略の一部であることを認識する必要があるだろう。そうした性格をもつグローバリゼーションに対して，日本の社会と企業がどう適応していくのか，あるいは対抗していくのか，そのさいに，日本社会と日本企業の特徴を生かしたビジョンと戦略をいかにして提起していくのかが肝要である。日本の社会と企業のビジョンについての根底からの議論を踏まえた納得と合意の形成が，これからの組織と個人のより良い関係づくりの前提となると思われる。

引用・参考文献
富士ゼロックス総合教育研究所・日本能率協会マネジメントセンター編（1997）『人事・教育白書』日本能率協会マネジメントセンター
林　大樹（1982）「終身雇用制と日本的経営——選択定年制の意義——」津田眞澂編著『現代の日本的経営』有斐閣
林　大樹（1994）「環境変化とこれからの人事管理」猪股　靖編『労政時報別冊・21世紀人事管理の座標軸』労務行政研究所
法政大学大原社会問題研究所（1998）『日本労働年鑑（1998年版）』旬報社
今野浩一郎（1997）「人事と賃金の新たな動向」連合総合生活開発研究所編『創造的キャリア時代のサラリーマン』日本評論社
今野浩一郎（1998）『勝ちぬく賃金改革』日本経済新聞社
井上定彦（1998）『社会経済システムの転機と日本の選択』三一書房
神代和欣（1989）「雇用制度と人材活用戦略」今井賢一・小宮隆太郎編『日本の企業』東京大学出版会
倉田良樹（1993）「人事制度」津田眞澂編著『人事労務管理』ミネルヴァ書房
前田卓三（1997）「付加価値報酬制の台頭」高橋佳哉・原伸之・前田卓三『人事報酬マネジメント』プレジデント社
日経連能力主義管理研究会編（1969）『能力主義管理』日経連弘報部
新・日本的経営システム等研究プロジェクト編著（1995）『新時代の「日本的経営」——挑戦すべき方向とその具体策——』日本経営者団体連盟
日本労働研究機構（1998）『構造調整下の人事処遇制度と職業意識に関する調査』

奥中恭樹（1997）『ミスミの人事革命』東洋経済新報社
連合総合生活開発研究所（1993）『日本的雇用システムに関する国際比較研究報告書』
連合総合生活開発研究所（1994）『中高年齢者の自己啓発等に関する調査研究報告書』
労働省編（1997）『平成9年版　労働白書』日本労働研究機構
津田眞澂（1971）『能力主義管理の開発』労働法学出版
津田眞澂（1995）『新・人事労務管理』有斐閣
弥富賢之（1997）『実力主義の賃金』経営書院
依光正哲・石水喜夫（1999）『現代雇用政策の論理』新評論

第2章
知識・情報化のなかの企業組織

はじめに

　本章では，技術革新と知識・情報化に代表される脱工業化の進展とそれにともなう経済社会の変貌のなかでの，企業の戦略転換と組織対応の方向を考察する。

　日本企業は，戦後のキャッチアップによる高度経済成長をへて，フロントランナー型発展と国際貢献を担う構造的変革を要請されている。一方，未曾有の社会変動はその構成メンバーの価値観を揺るがすとともに，企業の組織と協働の統合論理も根底から，その見直しを迫られることになる。政策・制度疲労の局所的とりつくろいや病巣の表層的部分的修復は，もはや限界にきている。新たな時代にふさわしい企業組織の再編の方向と，そこに働く人間労働のあり方を素描してみたい。

　具体的には知識・情報化と変容する経済構造を把握し，日本企業の戦略転換の構図を明らかにする。この戦略転換にともなう企業行動の変革を例示するとともに企業組織の再編成すなわちネットワーク型組織のあり方を概説する。最後に情報技術の発達と企業間ネットワークを視野に入れて企業組織の活性化の方途を示唆したい。

　なお，論究対象となる企業の特性は，比較的先進的な独創技術を自主開発し，新たな製品やサービスの提供を主導する，研究開発型かつ新市場創出型の企業を念頭においている。

1. 脱工業社会の諸相

(1) 技術革新と社会変革

ひとつの技術の発明がその社会を変えるとすると，現在進行している変化は「知識・情報革命」と呼びうる。そのいわんとすることは，コンピュータと電気通信の融合が工業社会の構造と文化を質的に変化させ，脱工業社会の到来をもたらすという点にある。

図表2-1のように，ベル（D.Bell）によると，脱工業社会の特徴は，第1に「モノ」から「サービス」への移行である。工業化以前の社会ではサービスは主として家庭内サービスであり，工業社会では，流通業，公益事業，金融業などのサービス業は「モノ」の生産に対する補助的な役割を果たすにすぎなかった。脱工業社会では，研究開発，システム分析，演算処理などの専門サービスや，教育・健康・公共サービスなどの対人サービスそれ自体に重点がおかれることになる。

図表 2-1 社会発展段階の比較

	工業以前の社会	工業社会	脱工業社会
生産様式 経済セクター	●第1次産業Extractive 農業，鉱業，漁業 林業，石油とガス	●第2次産業Fabrication 財貨生産 製造業（耐久財,非耐久財） 建設業	サービス産業Processing;Re-cycling ●第3次産業 ●第5次産業 運輸，公益事業 保健，教育 ●第4次産業 調査，研究 貿易，金融 統治 保険，不動産 レクリエーション
社会変化の資源	自然エネルギー 風力，水力，家畜，人力	2次エネルギー 電力，石油，ガス，石炭，原子力	情報 コンピュータ，データ伝送システム
戦略資源	天然資源	資本	知識
技術	手工芸	機械技術	知的技術
技能者	職人，農民，肉体労働者	技師，半熟練労働者	科学者，技術者，専門職
方法論	常識，試行錯誤，経験	経験主義，実験	抽象的理論：モデル，シミュレーション，決定理論，システム分析
時間的展望	過去志向	アド・ホック的順応，実験	未来志向：予測と計画
ゲームの設計	自然に対するゲーム	加工された自然に対するゲーム	人間相互間のゲーム
基礎原理	伝統主義	経済成長	理論的知識の体系化

出所）ベル，D.『知識社会の衝撃』TBSブリタニカ，1995年，p.53

第2の特徴は,技術革新や技術変化が知識の体系化によってえられるということである。このことは,科学と技術との関係をみると理解しやすい。

　既存の主要産業,すなわち鉄鋼,自動車,電力,電話,航空は,いわば「19世紀」産業である。それらの起点は,科学の基本原則や成果をほとんど知らない市井の発明家によってつくられた。一方,「20世紀」産業の典型は化学産業であり,工業化の背景に,まず高分子の性質に関する理論的知識が必要とされた。20世紀後半になって,「科学を基礎におく」産業の開花をみることができる。エレクトロニクス,半導体,ポリマー,コンピュータ,レーザーといったものは,理論的な科学研究から生まれたものである。

　工業社会においては資本と労働が進歩の原動力であったように,脱工業社会では「知識と情報」が原動力になろう。その知識や情報は,基礎研究や科学・技術の成果によってもたらされる。この結果,これまで以上に大学や研究機関における研究開発力が,社会発展を主導することになる（ベル,1995,p.55）。現代の先進企業の戦略展開は,より基礎的な研究開発とそれに裏打ちされた新市場の創造にあると考えられる。

(2) 知識・情報の占有と企業行動

　一般的には市場取引上,関連する知識や情報の開示は取引の不確実性を減少させ,当事者間の利害の正当性を増加させる。そのことは,一般均衡理論において完全競争の前提条件となる。

　しかし,知識・情報そのものの取引は,新しい問題を提起する。知識・情報といったソフト財はたとえ消費者に売却されても,提供者のところにその価値が残される。換言すると,それは一度つくられると,すべての人びとに利用可能な性質をもつ「公共財」的性格が強いといえよう。工業製品のように,購入者が生産者から買うことで,その所有権が移動するしくみとは異なる。

　またソフト財はその性格上,システム設計に組み込まれる。その結果,通常の工業製品とは異なり,製品機能の優劣判断より特定ブランドの支配力が強く

なる。消費者は企業の提供するバージョン・アップを受け入れざるをえないケースが多くなり，技術による消費者の「ロック・イン」（封じ込め）となりやすい（「日本経済新聞」1997年11月11日）。

　知識・情報の発信者は，特許権や著作権によってその利益が守られる。しかしながら，科学的知見はその分野の他の人びとに公開され，完全に伝達されることによって評価される。また，「発明の世界同時性」といわれるように，新知識が複数の人びとによってほぼ同時期につくりだされる可能性も高い。これらの事実は，知識・情報の公開性とその急速な伝播がもたらされることを意味する。パーソナル・コンピュータの出現とそのネットワーク化は，たとえばインターネットのように，知識・情報の無作為な交換を活発化する。その情報は「公共財」として安く，簡単に授受ができる。

　以上のような知識・情報化社会の到来は，これからの企業行動の変革を迫ることになろう。企業間競争の優位性は，さまざまな経営資源を最適にもっとも速く運用すること，すなわち情報技術の開発とシステム化に依存する。競争の優劣は，知識・情報インフラストラクチャーを構築しうるか否かにかかってくる。これがもたらすものは，あらゆる分野において業種の壁が壊れ，競争状態の範囲も規定できなくなり，異業種からの参入も多くなり，市場の論理が浸透していくという状況である。こうした競争環境のもとでの企業の経営戦略は，開かれた知識・情報社会から独自のネットワークを通じて，「希少性」をもち，かつ付加価値の高い新たな知識・情報に組みかえ，より多くの顧客層を取りこむことである。

2. 先進工業国の経済発展
(1) 経済成長要因の変化と高生産性への移行

　日本の経済成長要因を検討してみると，その主因が移りかわってきたことがわかる。図表2-2によると，1970年代前半までの高度経済成長を支えた要因としては，外資の導入や国内資本の蓄積といった「資本」の活用，そして豊富

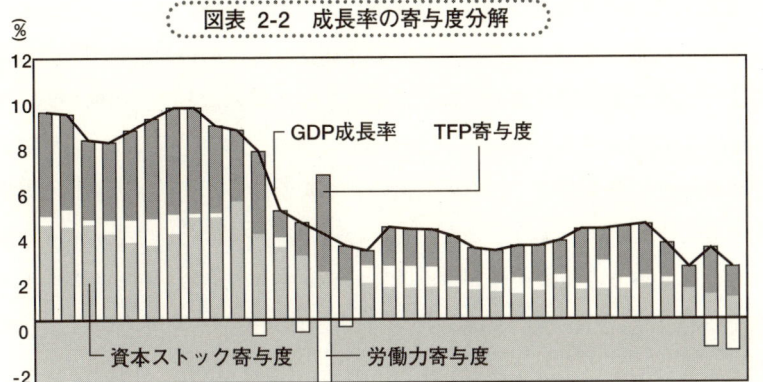

第2章　知識・情報化のなかの企業組織　35

図表 2-2　成長率の寄与度分解

出所）経済企画庁編『経済白書』（平成7年版）大蔵省印刷局　p.312

な若年労働力による「労働」の投入が大きく影響してきた。これに比べ，80年代からは，たんに投下資本や労働の増加が経済成長の主要な牽引力にならず，トータル・ファクター・プロダクティヴィティ（TFP）すなわち広義の技術進歩（工学的技術進歩，規模の経済，外部経済・不経済，稼働率，労働者の熟練など生産要素の「質」の変化を含む）が成長を促すようになったのである。このように年代により，資本，労働，技術進歩という生産3要素の貢献度の比率が変化してきている。

以上のとおり，経済の発展段階を概観すると，経済成長に貢献する要因は，ある段階から「資本」と「労働力」の投入・蓄積以上に，技術開発や知的熟練といった広義の技術進歩に依存していくことが指摘できる。

なお，外部経済・不経済という概念は外部効果（external effect）ともいい，ある経済主体の活動が他の経済主体の状態におよぼす影響のことである。高速道路の建設を例にとれば，一方では建設による地価上昇が地主をもうけさせる（外部経済）が，他方では建設による騒音や大気汚染が住民の健康を悪化させる（外部不経済）ことをいう。

(2) 知的財産権の強化とクロス・ライセンス（特許交換）化

　技術進歩への依存度が高まるにつれて，先進工業国は独自の技術開発が要請されるようになった。発展途上国の経済発展を考えてみると，一般的にいって先進国からの技術や資本の導入は欠かせない。先進工業国からの技術移転は，自国への経済的打撃も少なく，その代償のレベルが低く，先進国の鷹揚な対応にまかされてきたといえよう。また，資金の返済を無償にしたりその利子を免除したり，さまざまな支援が発展途上国に行われてきている。日本企業も基本特許料を支払って，欧米先進企業から比較的自由に基幹技術を導入することで，製品開発に専心することができた。鉄鋼，造船，化学，機械，自動車，エレクトロニクスなど，多くの基幹技術は先進国からの導入に依存してきた。そこでの技術開発の基本戦略は，応用・製品化や製造技術の改善・改良に重点がおかれてきた。

　ところが，1980年代後半から，アメリカを中心に自国特許の保護や固有技術の覇権による産業競争力の向上が，経済政策の中心のひとつにおかれるようになった。これにともない，日本企業はとくにアメリカ企業とのあいだに特許や著作権をめぐる紛争が多発し，ときには膨大な賠償金を支払うことにもなった。日本企業が生産技術を駆使し，品質のすぐれた安い製品を世界に供給することの重要性はいまだ失われてはいないが，先端技術の導入に対する対価は非常に高く，経営を圧迫することは否定できない。先進国の企業に技術料を支払い，応用研究と開発・設計を駆使した製品開発と販売に注力し，世界市場を席巻するといった，これまでの競争戦略が通用する時代は過ぎ去ろうとしている。

　発展途上国の企業が，製造工程の改善・改良，製品の多機能化，操作の簡便性など製品の周辺分野の技術をみがき，自国の技術水準を高めることは，経済発展に有効な方法である。しかしながら，先進的な企業は独自の技術を保有し，競争企業とも連携することによって，世界市場のなかで協調体制を確立することを視野に入れなくてはならない。これは，「クロス・ライセンス（cross license）」時代へ突入したことを意味している。

(3) グローバリゼーションと世界最適生産基地化

1985年の「プラザ合意」以降の円高により，為替レート換算において日本の人件費は世界最高水準に達した。アジアやその他の発展途上国の賃金水準と比較すると，数倍から数十倍といった格差が出てきた。たとえ，ある企業が国内の価格競争において優位に立っても，発展途上国との価格競争には太刀うちできない。製品の質の違いやその他の優位性が確保できなくなると，国際競争力が低下してしまう。

また，ソ連邦の崩壊によりロシアと東欧諸国の企業が世界市場へ参入し，企業間競争がますます先鋭化した。若干古い製造設備や工場とはいえ，旧ソ連圏諸国から世界市場を対象にした工業製品の輸出攻勢が強まり，発展途上国間の競争を激しくさせ，これが世界の貿易関係になんらかの影響を与えていることは間違いない。

こうしたグローバル・コンペティションのなかで，「市場に近い所で生産していく」ことが多国籍企業の常識になりつつある。生産基地の世界最適配置は企業戦略のひとつのキーワードになっている。日本企業の海外生産比率はまだ7～8％であるが，欧米先進国との比較から推測すると，2010年代には20％を超えることも考えられよう。

これから日本は先進国の一員として，国内の法的規制によって特定産業の保護育成をはかるような政策を取りはらうことが避けられない。世界の自由な市場を形成するため，産業・製品の水平分業を推進していくことが必要とされてきている。

3. 企業戦略のシフト

産業構造の変化，技術革新の新展開，国際化を背景に，先進国の企業は戦略の転換を余儀なくされている。第1の転換は創造的な価値をもたらす製品やサービスを提供することであり，第2の転換は世界標準に基づく競争優位の確立

であり，第3の転換は情報技術を駆使したインフラストラクチャーを主導することである。

(1) 価値創造型経営への転換

これまでに述べてきたような環境変化をふまえると，先進工業国における企業経営の基本戦略は，普及品といわれる一般的な商品群を安く効率よく製造することから，これまでにない，より豊かで便利で，そして安全な生活を享受するための製品やサービスを創出することに移行してきた。いいかえると，大量生産・大量販売を通じた「規模のメリット」を追求することよりも，独自のコンセプトによる新製品，新サービスの開発という「価値の創造」を導き出すことが求められている。

(2) デファクト・スタンダードの主導

1) アーキテクチャー

こんにちの企業は，顧客満足を指針に事業を展開し経営諸機能を組織化していくさいに，生産拠点の海外展開，デザイン分野の市場密着化，物流の多国籍化を視野に入れつつ，消費者の便宜性の観点から商品の企画開発・生産・販売・保守といった管理サイクルに，共通の「アーキテクチャー（設計思想あるいは設計仕様）」をもつことが期待される。

アーキテクチャーは，情報化を例にとると，データのインプットから情報処理をへてアウトプットにいたり，それがさらに通信によって他者につながるまでの一連の過程を連結するための，「標準」と「ルール」のしくみといえる。このアーキテクチャーが確立されていると，多くの企業が独立にハードやソフトをつくっても，それがひとつのシステムとしてまとまって機能し，統一基準化による生産性の向上が可能となる。

通常，標準化やルール化は国際機関，国や業界団体が関与し，その決定に時間がかかったり，低水準に収斂したりすることが多い。しかしながら，今井賢

一 (1997) が指摘するように、マイクロソフト社やインテル社は従来とは違う標準化やルール化をなしとげた。その特徴は、アーキテクチャーが固定的ではなく、つねに進化しており、彼らはそれを世界に広めて、事実上の「標準」すなわちデファクト・スタンダード (de facto standard) に引きあげることに努力してきた点にある。彼らは「ウィンテル」といわれるように、情報化の支配者ともいわれている。現在、彼らがコンピュータ関連の中核となるアーキテクチャーを独占しているが、そのシステムはけっして固定されることはない。あくまで事実上の「標準」であり、法律で決められたものではなく、絶えざる競争がアーキテクチャー自体を進歩させていくのである。

このように進化するアーキテクチャーをつくり、事実上の標準を形成する「知」の集積が、新しいビジネスのモデルとなろう。

2）規格間競争

かつて、VTRにおいて"ベータ"対"VHS"という規格をめぐる激しい競争が行われた。専門家のなかには、機械装置の性能や品質の優劣が競争を制するという主張があったが、結果としては、製品の性能とは直接関係のないソフトの量が功を奏した。近年では、ハイビジョン (HDTV) をめぐる覇権規格の競争が活発化している。

一方、アーキテクチャーの構築は、メーカーの製品開発スピードをいちじるしく速めることとなる。従来のように、ある特定企業が新製品を開発して自国市場に供給し、その市場が成熟化した段階で外国にその製品を輸出するという「時間差」戦略が通じなくなり、とくに先進国間では、ある企業が新製品を開発するとともに、ほぼ同時に世界市場が形成されるというケースも多くなってきている。

以上の論点から、規格の標準化と時間の短縮化をめぐる競い合いへと、競争の重点が移っていることがわかる。デファクト・スタンダードを主導する企業が、競争優位を保つことができるのである。

(3) 知識・情報のネットワーク化

次に，企業戦略の転換をうながす要因は知識・情報のネットワーク化であり，コンピュータとテレコミュニケーションの結合を意味する。これは，農業時代から工業時代への変化とは以下の点で異なっている。そのひとつは，情報技術が「時間」と「距離」をいちじるしく短縮してしまうことである。かつてG.オーウェルがその未来小説『一九八四年』(1972)で情報独占による独裁者の支配を描き出したが，むしろこんにちでは多くの市民が独裁者を監視するようになった。電子ネットワーク化が情報管制の壁を破り，世界の各地に情報が行きわたるようになった。

コンピュータの技術も進歩し，分散処理と統合処理の結合によって，意思決定を速め，サイクルタイムや納期の短縮をうながし，流通ロスを削減する。見込生産，在庫調整にともなうロスをなくし，「実需即生産」のリアルタイム経営が可能になりつつある。

4. ネットワーク型企業組織

企業の戦略転換は，組織構造の再編にもつながる。価値創造型企業への変身，デファクト・スタンダードの主導，知識・情報のネットワーク化といったしくみの革新が，組織編成の新たなトレンドをもたらしている。

(1) 研究開発のネットワークと組織づくり

1) 共同研究開発

先進国の企業が指向する価値創造型経営のひとつの目標は，新製品の開発である。とりわけ，既存市場を凌駕し創業者利潤を確保する，ブレーク・スルー型技術開発が期待される。

技術開発に関しては，「発明の世界同時性」が指摘されるように，特許出願日時のわずかな違いで功名を逃したといった話題はよく聞かれることである。

第2章　知識・情報化のなかの企業組織　　41

そのためには，学会や専門家間の交流によって最先端の技術動向をつねに入手しつつ，研究開発の方向と進捗度をみていく感度のよいセンサーつきの組織が必要である。自組織と他の専門機関との交流や共同研究ができる緩やかな組織連携が，第1のトレンドである。

　技術開発の遅れが市場競争に致命的な敗北をもたらすことを考慮すると，同業他社の研究開発状況を監視しながら，それぞれの独自の研究成果をもちよる，共同開発組織の編成も戦略ポイントとなろう。研究開発型企業にとっては，ライバル企業との協調も視野に入れた戦略的連携をくわだてることにより，高付加価値経営を実現しうる有力な条件を確立することができよう。

　図表2－3のとおり，日本生産性本部（現・社会経済生産性本部）の『研究開発技術者のキャリアと能力開発に関する国際比較分析』によると，イギリス，ドイツ，アメリカおよび日本の研究開発技術者が共通に，研究開発の成功要因として「明確な目標設定」をもっとも多く指摘している。

　これを敷衍すると，発展途上国では先進国という明確な目標があり，人材をはじめ多くの経営資源を確実に投入できるに違いない。しかしながら，先進国では目標設定そのものに高いリスクをともない，民間企業にとっても，非常に高いリスクを負う投資を覚悟しなければならない。こうしたリスクに対処するためには，高い専門性をもつ国内外の国立研究機関や大学との連携，共同研究組織の設立やそこへの参加といった方法を通じて，世界の叡智をあつめるプロジェクト型組織を編成することが必要になってくる。

　2）別会社化構想

　独創的な発想を喚起したり，目あたらしいアイデアを潰さないようにするには，個性を発揮できる組織を編成して，技術開発期間を特定化し，組織原則や運用を責任者にゆだねた特別な編成を行うことが求められる。その解決方法のひとつが別会社化である。

　ひとつの企業に複数の組織原則の運用がなじまないことは，一般的な経験則として認識されている。たとえば，製造業でも工場経営のルールを研究所には

図表 2-3　研究開発の成功条件

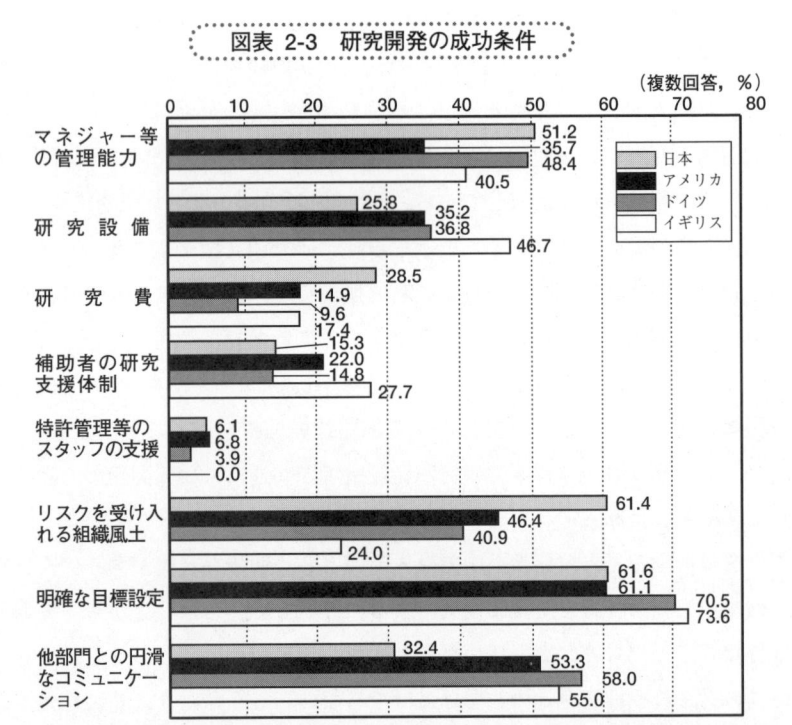

（複数回答，%）

項目	日本	アメリカ	ドイツ	イギリス
マネジャー等の管理能力	51.2	35.7	48.4	40.5
研究設備	25.8	35.2	36.8	46.7
研究費	28.5	14.9	9.6	17.4
補助者の研究支援体制	15.3	22.0	14.8	27.7
特許管理等のスタッフの支援	6.1	6.8	3.9	0.0
リスクを受け入れる組織風土	61.4	46.4	40.9	24.0
明確な目標設定	61.6	61.1	70.5	73.6
他部門との円滑なコミュニケーション	32.4	53.3	58.0	55.0

出所）福谷正信「企業の技術研究者の活性化・下」『発明』1993年5月，(財)発明協会　p.65

適用させにくい。働き方も異なり組織文化も違うといった場合，組織を分離し，研究所を別会社にする方法がある。代表的なケースとして，富士通研究所，本田技術研究所がある。

両研究会社は独立することによって，組織の自主性を確保できるとともに，結果責任も付帯してくる。各事業部門から研究会社への注文も厳しくなり，自組織内に緊張関係を保つことによる効果も期待できる。その別会社に勤務する従業員にとっても，全社一律の組織原則によって不平等な取り扱いをうけることなく，かつ研究所固有のルールについて構成メンバーの納得性がえられやす

い。

　研究所以外にも，実験・試作部門，研究補助部門などを別会社化したり，アウトソーシング（業務の外部委託）している例もある。これらは企業経営上，経費の削減も念頭においているが，組織の編成原理からは専門機能の純化に応じた施策と受けとめることができよう。

(2)　「個」活用組織

　第2のトレンドは，「個性」重視の組織対応である。先進国の産業基盤が，「モノ」から「知識・サービス」に向けて変貌をとげようとしているなかで，技術開発の重点は，HOW　TO（いかにうまく造るか）からWHAT　FOR（なにを創るか）に移行している。企業にとっては，構想力や知識生産性の向上が，プラハラッドら（1995）の指摘するコア・コンピタンス（中核的能力）に相当するものである。

　日本も技術水準では欧米先進国とほぼ肩を並べるようになりつつあるが，それとともに家電，一般機械，自動車に代表される加工・組立産業は，国内需要の成熟化と生産の海外展開ならびに中進国の追い上げに遭遇し，日本経済の牽引力として陰りが生じてきている。そして，これらに代わり，マルチメディアなど情報通信分野，バイオテクノロジーといった生物分野，環境・エネルギーといった化学分野が登場してきた。

　しかし，これらの分野の特許も海外から入手しにくくなってきており，メーカーはあらためて知的財産の重要性を認識するとともに，特許やブランド・イメージを戦略課題に位置づけざるをえない。基本特許は欧米，周辺特許は日本という実情を打開するために，近年は民間企業の研究開発活動も，基礎研究に力を入れ発明や発見をうながしている。国も科学技術基本法を成立させ，基礎研究の充実に政策的に対応しようとしている。

　多くの基礎的な研究は，巨大な研究設備や原材料および研究補助スタッフを当面必要としていない。開発組織の編成のあり方も，既知の技術を活用して集

団が効率的に協働する体制ではなく，未知の分野に個人の創造力を発揮させる，柔軟でフラットなものにすることが適切である。上意下達の徹底にふさわしいピラミッド型組織より，個人の発想を喚起し，研究者間の交流を活発にする，「個」活用のネットワーク型組織への転換がのぞましい。

(3) グローバル・ネットワーク

　第3のトレンドは，グローバル・ネットワーク化への移行である。市場がグローバル化することに対応して，企業は得意分野に事業領域を絞りこみ，そのせまく絞った競争力のある製品・サービスを世界市場で拡販していこうとする。"分業の程度は市場の規模で決定する"がごとく，グローバル・ネットワーク化は専門特化を促進し，分業をいっそう細分化させる。

　国際社会のなかで日本のみが，原材料は輸入するが他は国内で一貫して調達するという，いわゆる「一国完結型生産主義」を続けることはできない。たとえば，アメリカ人がアメリカの車を買った場合，組み立ては韓国，部品は日本，デザインの費用はイタリアへ，アメリカ本国に払う費用はサービス，広告費，人件費，保険料などとなり，自動車は実質的な多国籍商品となっている。こうした分業の進展の結果，"グローバル・ウェブ（クモの巣）"型組織が形成されることになろう（ライシュ，1991, p.154）。

　コンピュータ産業も，代表的企業IBMの組織のように，半導体の生産からコンピュータの組み立て，ソフトの開発そして販売，アフターケアといった一貫事業をすべて自社でまかなう，垂直的に統合された「タテ」の組織が主流であった。もちろん，日本のメーカーもそれに追随してきた。しかし，最近の支配的傾向は，MPU（超小型演算処理装置）はインテル社，OS（基本ソフトのオペレーティング・システム）はマイクロソフト社などが，世界市場の中心を占めているというように，各段階で異なる会社が支配しあう「ヨコ」の層で構成される産業組織になっている。

　商圏や調達，製造プロセスの国際分業化は，本社集中による中央管理体制に

おいても，現地の地域管理体制においても十分な機能が遂行されなくなった。そこで，たとえば地域内のミクロ・レベルとグローバルなマクロ・レベルを組み合わせた，ミクロ・マクロ・ループを形成する方式が考えられる。これは，生物や脳の働きに関する，いわゆるフィードバック組織関係を示したホロニック・ループを参考にしたものである。

以上のように，今後は多極を関連づける有機的ネットワーク型組織への転換が促されることになろう。

5. 情報技術と組織再編

ネットワーク型組織を支えるキーテクノロジーは，情報技術の飛躍的発達である。パーソナル・コンピュータの普及と通信回線の開放は，企業間あるいは企業内の情報交換を容易にするとともに，組織編成のあり方を根本的に変貌させる可能性をもっている（福谷，1995，pp.65～69）。

(1) 組織の情報武装

情報技術の発達によって，距離の壁，時間の壁が失せ，情報が同時に伝達されるようになる。いわゆるマルチメディアは，もろもろの産業融合を可能にするばかりではなく，企業の組織形態も変えるインパクトをもつだろう。パソコンの全社ネットワーク化によって，社内情報の伝達や収集といった役割しか果たさない中間管理職の存在価値がなくなりつつある。すでに電子メール網の発達した多くの米国企業で，ピラミッド型組織構造がくずれ組織改革が行われて，中間管理職の解雇などが伝えられている。

一方，図表2-4のとおり，日本労働研究機構の調査結果（『情報化の進展及び今後の社会動向への企業の対応に関する実態調査』1996）によって，日本国内で情報化にともない企業内の階層が実際どのように変化したかをみると，ほとんどの産業で「少なくなる」と答えた企業の割合が，「多くなる」と答えた企業の割合を大きく上回っている。さらに，組織の数の変化という点について，一

般労働者100人当たりの部長数の変化をみると,これまで一貫して増加してきたものが,1992年ごろから減少または頭打ちの傾向がみられる。これも近年,成長率の鈍化から企業組織の拡大がむずかしくなっていることに加え,情報化の進展も影響していると考えられる。

また,情報化による仕事の変化をみると,単純労働が大きく減少する一方,働く人の職務範囲が広くなり,創意工夫の大きな仕事,専門性の高い仕事の比重が多くなる。しかも,意思決定のスピード化や企業内各部門の相互依存が強まるなかで,業務遂行における自律性,自己完結性が求められるようになっている。

日本においても電子メールが定着し,情報伝達や意思決定が,フラットな文鎮型組織において行われるようになると,これまで「情報の関所」という機能しか果たさなかったような管理職層は不要になるだろう。こうした傾向は,課長,部長,本部長といった縦系列の関所で濾過されて経営者に本当の情報がと

図表 2-4 情報化に伴う企業内の階層の変化

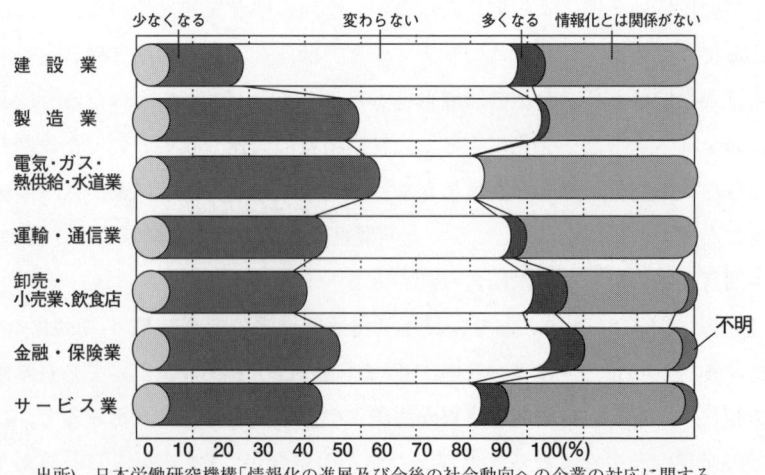

出所) 日本労働研究機構「情報化の進展及び今後の社会動向への企業の対応に関する実態調査」1996年

どかず，経営者が社内で一番の情報過疎者であることに，電子メールの活用を通じて経営者自身が気づきはじめたことを象徴しているのかもしれない。

　電子メールやパソコン通信網で社員の誰に対しても直接コミュニケーションがとれる環境が整備されると，その仕事ができる主役を中心としたネットワーク上の作業グループが形成される。業務遂行にさいしてプロジェクトごとのネットワーク型の組織が，管理職制とは別に編成されることになるであろう。

(2)　バーチャル・コーポレーション（仮想企業）
　マルチメディア技術の進展は，"バーチャル・コーポレーション"の形成も可能にする。バーチャル・コーポレーションとは，複数の企業やその従業員が仕事の内容に応じて，必要となった機能や能力をお互いに補完しあいながら形成する組織形態である。情報技術の発達によって，コンピュータの上で別々の企業があたかもひとつの組織のように機能するようになった。たとえば"製販同盟"がある。製造メーカーと販売企業が顧客情報のネットワーク上で協力関係をむすび，あたかもひとつの企業のように行動するものである。

　このように，それぞれの企業が得意とする業務分野に経営資源を集中し，相互補完して競争力を高めれば，効果的な仕事の遂行が可能になる。そのうえ企業規模が小さくても，複数で連合して大企業に対抗できるようになる。特色をもった中小企業は大企業の下請支配から脱却し，自立した存在にもなりうる。

(3)　意思決定の迅速化
　次に意思決定の問題がある。環境の変化が組織編成や仕事のしくみを変えることは当然であるが，意思決定の問題も組織改革の契機となる。分業による効率化は，担当者の職務への習熟を深めるだけではない。権限を現場に委譲することによって，正確で迅速な意思決定が可能となる。会社組織が大きくなり，意思決定に時間がかかりすぎるとの認識が出てきた場合，事業部制やカンパニー制を取り入れて，大企業病の弊害を取り除こうとする取り組みが行われるこ

とが多い。情報により近いところで判断できるようにするわけである。ここでいうカンパニー制は社内分社制ともいわれ，企業内の事業部を独立した会社とみなすことである。

　こうした動きは，情報技術の発達によって情報の集中管理が可能になり，トップマネジメントによるトップダウンの意思決定が強化されることと一見矛盾するようであるが，そうではない。科学技術庁の『民間企業の研究開発活動に関する調査』によると，一般的に創造性重視型や研究開発重視型の組織には，文鎮型やプロジェクトチームのネットワーク型の組織構造がふさわしいといわれる。ただし，プロジェクトチーム型組織は，「知」の自在な相互作用を通じて新しい「知」を創造し，企業全体に拡大していくことには向いているが，そのようにして生み出された「知」を活用・蓄積し商品化するのには，徹底した分業と職能別の階層をもった組織がふさわしいという結果がえられている。硬直化した組織を活性化させたり効率化させるプロジェクトチームの効用は意義深いが，それは階層型の組織の有効性を否定するものではない。むしろ，階層型のビジネス・システムとプロジェクトチーム型のイノベーション・システムの両者を共存させ，機能的に変換させていくことが肝要であると考えられる。

6. 小括と含意

　"組織の編成原理は戦略にしたがう"といわれるように，それぞれの国の産業社会の次世代構想が，組織編成のあり方を左右するキーポイントになろう。

　日本の経済構造は，キャッチアップによる工業化の後発効果をいかした重厚長大産業から，世界のフロントランナーとして，専門能力を具備した技術者や起業家がくわだてる情報産業，サービス産業へと比重を移そうとしている。このような構造変化が，企業組織にあたえる影響ははかり知れない。また，情報技術の発達も，企業の行動規範と組織編成を変えるインパクトをもつことになる。すなわち，ピラミッド型のタテ構造からネットワーク型のヨコ構造に再編成され，組織の構造は，ハード・ストラクチャーからソフト・ストラクチャー

に転換していく。

　一方，組織の基本的特徴は，一般に機能体と共同体の側面をもつことが古くから指摘されている。機能体と共同体の双方は組織の理念的あるいは極限的な状態であり，現実の組織は，完全な機能体でもなく完全な共同体でもありえず，両者の中間に存在している。

　理想的な組織の条件を考えると，構成員の発想や行動を制約することが少なく，構成員が相互に刺激しあってブレーク・スルー（状況突破）が行われ，新たな次元をつくりだす舞台にすることである。この点，ネットワーク型組織は，組織のなかにゆるやかな連携や創造喚起的な関係を包含することによって，環境の変化に柔軟に対応することができ，関係するおのおのの組織のリスク（危険）を分散することができる。

　こうしたネットワーク型組織への転換は，そこに働く人びとの価値観を変えたり，既存の職場慣行と衝突する可能性をもっている。そのため，人事諸制度もその合理性と構成員の納得性の観点からあらためて考慮しなければならない。「既知」の仕事を正確に再現することから，「未知」の仕事で新しい価値を創りだすことに職務の重点が移る以上，とくに専門職，技術職といったホワイトカラーの雇用，勤務形態，報酬，キャリア形成など人事・処遇システムの変革が避けられないことに留意しておきたい。

引用・参考文献

ベル，D. 著，山崎正和ほか訳（1995）『知識社会の衝撃』ＴＢＳブリタニカ
ドラッカー，P．F．著，上田惇生ほか訳（1992）『未来企業』ダイヤモンド社
福谷正信（1995）「ネットワーク型組織への転換」『ジュリスト』No. 1066　有斐閣
ハメル，G. & C.K. プラハラッド著，一篠和生訳（1995）『コア・コンピタンス経営』
　日本経済新聞社
今井賢一編著（1986）『イノベーションと組織』東洋経済新報社
今井賢一「新・情報ネットワーク社会」日本経済新聞「やさしい経済教室」1997年9
　月2日
今野浩一郎・福谷正信（1991）『こういう組織が技術者を活かす』日本実業出版社
経済企画庁編（1995）『平成7年版経済白書』大蔵省印刷局

(財)日本生産性本部（1990）『英国の技術者・日本の技術者』
(財)日本生産性本部（1990）『ドイツの技術者・日本の技術者』
(財)日本生産性本部（1991）『米国の技術者・日本の技術者』
野中郁次郎（1990）『知識創造の経営』日本経済新聞社
奥林康司編著（1994）『柔構造組織パラダイム序説』文眞堂
大滝精一ほか（1997）『経営戦略―創造性と社会性の追求―』有斐閣
オーウェル，G.著，新庄哲夫訳（1972）『1984年』早川書房
ライシュ，R.B.著，中谷巌訳（1991）『ザ・ワーク・オブ・ネーションズ』ダイヤモンド社
労働省編（1997）『平成9年版　労働白書』日本労働研究機構
(財)社会経済生産性本部（1996）『R＆D戦略と人材開発　日本企業の新たな進路』
(財)社会経済生産性本部（1997）『研究開発と知識生産性』
矢野俊介（1995）『人・技術・組織』有斐閣
山之内昭夫（1992）『新・技術経営論』日本経済新聞社

第3章
国際化のなかの企業組織

はじめに

　戦後の高度経済成長をへて，1975年には558億ドルであった日本の輸出総額が，94年には3,956億ドルと実に6倍以上もの金額に拡大した。70年代以降，急速にのびた日本企業の輸出がアメリカ企業の経営をおびやかし，日米の対立の構図が鮮明なものとなった。また，80年代には中国という巨大市場の開放により，アジア市場も急速に増殖をすすめ，徐々に経済活動に国境がなくなるにつれて，世界経済全体が国際化してきた。

　その一方で，1987年に国際標準化機構（ISO）が品質の維持・管理にかかわる国際規格として制定したISO9000は，こうした国際化の進展にともなって，各国の企業が統一規格のもとに標準化をすすめる指針となり，現在は，96年に制定された環境管理基準を基本とするISO14000の普及が促進されるようになっている。これらによって，日本企業は市場環境のドラスティックな変化と国際的な標準化への対応を迫られている。

　こうした経営活動の国際化については，組織の外部との関係をマーケティングの視点で，内部の問題を組織や人事の視点に大別して考えることができる。本章では，事業活動の国際化と企業組織の対応を検討するにあたって，まず国際経営の基本的な考え方にふれ，対外的なマーケティングと対内的な組織構造の両者を関係づけながら論述することにしたい。

1. 国際経営の定義と視点

　国際経営とは，2国またはそれ以上の国にわたる利益を目的とする事業または取引に関連し，国際環境への適応や影響力と，経営戦略，組織構造，経営管理など，私企業，公企業を問わず，その国際活動全般をあつかう実践上および学問上の領域である（山崎・竹田編，1993，p.17）。その意味で，多国籍企業と深くかかわりがある。

　本章では，この国際経営に対して，以下のような4つの視点をふまえて接近する。

　1）企業経済（マクロ経済）的な立場からすれば，国際経営の推進主体である多国籍企業それ自体の研究を，プロダクト・ライフ・サイクル（製品の市場における寿命），産業組織，内部化などの観点から経済学的な理論的検討を行う。

　2）個別経営的な立場からすれば，進出企業と現地経営環境との相関分析から，経営戦略，組織，管理活動の自生的発展の論理を明らかにすることになる。ここでは，経営学的な政策論，技術論的観点についても考慮する。

　3）比較経営論的な立場からするならば，ひろく社会経済的諸条件との関連で，自国と相手国とのマネジメント・プロセスの差異と共通性の動態的分析が中心となる。とくに，行為者としての各国経営者のビジネス行動の特性研究にも配慮する（竹田編著，1994，pp.8～9）。

　4）社会学的な考察，すなわち企業組織と人的資源管理の観点や地域の文化的特性などを考慮した検討も加える。

2. 海外進出の理由，背景

　まず，企業が国内市場から海外に進出するには，いくつかの理由がある。

　第1に，国際市場の存在自体である。開発途上国では，あらゆる消費財への需要が存在する。また工具や建設機械の中古市場は，大半が開発途上国によっ

て構成されている。

　第2に，国内市場が飽和したために海外市場に目を向ける場合もある。玩具小売業者のToys"R"Usは，アメリカ国内でWal-MartやK-Martとのきびしい競争にさらされたために，海外市場の開拓をすすめ，アジア地域でも日本，香港で出店した。

　第3に，国によっては，特殊な天然資源や人的資源をかかえているところもある。ダイヤモンドを豊富に産出する南アフリカ共和国や，人件費が安いにもかかわらず手先の器用な人材の多いアジアの開発途上国がそのよい例である。こうした要因は，比較優位をもたらしてくれる。

　第4に，技術的な優位性を有する国もある。政府の政策によって，当該分野の研究開発が奨励され，産業界のみならず研究教育の分野にも力が注がれている国である。たとえば，アメリカはコンピュータの分野で圧倒的な技術優位を占めている。こうした技術は，特許を多数取得することによってさらに強固になる。

　このように国際市場は魅力的な機会を提供してくれるが，同時に競争もはげしくなる。企業にとっては，国際マーケティングに影響のある環境や要因を理解し，それに適応することが成功の基本である。

3. 国際市場で経営活動を行うための企業の組織構造

　海外で事業を展開する決定を行う場合に，経営者は，まず適切な組織構造を決めておかねばならない。ここでいう組織構造とは，個別企業の組織行動を構造化し，パターン化するために形成される組織のしくみや特性を指している。それは，管理の階層，部門化，権限関係，標準手続きやコミュニケーション・システムなどからなる（占部編著，1986，p.409）。

　国際市場で経営するための方法には一定の範囲，すなわち，図表3-1に示されているとおり，進出地域とのかかわり方の程度に幅がある。いずれのパターンを採用するかは，当該企業が直面する市場の内容による。

次に，その典型的なパターンをあげてみよう。

まず，輸出入業者を利用するパターンがある。これは，国際市場でもっとも簡単に経営を行う方法であり，この方法ならば，容易に海外に商品やサービスを輸出できる。ただし，輸出入業者から先の流通チャネルに対してはまったくコントロールができないという弱点もある。

図表 3-1　国際市場で経営するための方法の範囲

| 輸出入業者を利用した輸出もしくは直接自社で輸出 | 自社の販売支店の設置 | 海外のメーカーにライセンスを供与 | 海外の生産者と製造契約を結ぶ | ジョイント・ベンチャーもしくは戦略的提携 | 全額出資の子会社を設立 | 多国籍企業化 |

＜低関与＞ ←――――――――――――――――――――→ ＜高関与＞

これに対して，メーカーが自社で販売支店を設置する場合には，いくつかの利点が生まれる。それは，自社製品を積極的にプロモーションできる，国際市場をより効果的に開発できる，販売活動をより完璧にコントロールできる，といった点である。

つづいて，ライセンス供与，製造契約があげられる。これらはいずれも，契約の一形態であり，契約は，企業が間接的に海外市場に参入したり，市場に対して迅速にその存在をアピールしたり，リスクを最小限度に食いとめるために使われる。ライセンス供与の場合，別のメーカーに料金や使用料を支払ってもらい，自社の生産工程，特許，商標や他の資産を使わせるものである。

さらに，ジョイント・ベンチャーや子会社を設立するといった組織形態がある。これは，メーカーが海外に自社工場を立てたり，生産設備を買収するものである。

最後に，多国籍企業があげられる。これは，本拠のある国以外で，生産また

はサービスの設備を所有もしくは支配している企業である。こうした企業はかならずしも会社形態，すなわち，私的企業である必要はなく，それが協同組合，国有企業体の場合もありうる。

4. 国際マーケティングの戦略計画

国内で成功を収めたからといって，その方法が海外市場にそのまま当てはまるという保証はどこにもない。ここに，国際的なマーケティングの戦略計画を立案する根拠が見出される。本節では，その基本的な条件について検討しておくことにしよう。

(1) 環境の分析

海外市場では，人びとの生活の質を高めていきたいという国内と共通するニーズも多数存在する一方で，文化や経済的環境，さらには，政治的・法的な側面にさまざまな違いがある。これには，以下のような要素がある。

1）社会文化的要因

文化とは，特定の社会のなかで世代を越えて伝承されていく共有された価値観である。これらの価値観は，社会的に受け入れられる行動が何かを規定する要素である。マーケティング計画に影響のある要素には，家族，社会習慣と行動様式，教育，言語の違いなどがあげられる。

2）経済環境

経済環境には，インフラストラクチャー（橋や港や道路などの社会経済的基盤）の整備状況や，経済発展の水準が含まれる。

3）政治的・法的要因

これについては，次のような貿易をめぐる条件やルールがあげられる。

第1に，貿易障壁という点では，国内産業を保護するために政府が設ける規制や商慣習などの非参入障壁がある。具体的には，関税，輸入割り当て，ローカル・コンテント法（参入にあたって当該国の雇用が確保できるように，生産

の一部を現地化させる法律），ボイコット（製品の不買運動）などである。

　第2に，貿易協定があげられる。国際的な取引が拡大すると，国ごとの競争力には必然的に格差が生じるため，その結果，大国ばかりが利益を享受するという図式が生まれた。これに対して，関税と貿易に関する一般協定を定めたGATT（General Agreement on Tariff and Trade）は，現在，WTO（World Trade Organization）すなわち世界貿易機構に拡大され，ここで，参入障壁などの問題がある国を監視し，必要によっては提訴などの措置をとっている。

(2)　マーケティング・ミックス

　海外市場の環境分析を行ったうえで，企業のマーケティング目標（売上高，利益，マーケット・シェアなど）を達成するためのマーケティング手段の組み合わせ，すなわちマーケティング・ミックスを検討することが必要である。ここで考慮すべき要素には，以下のものがある。

1）製品

　製品計画を立てる場合にもっとも重要な問題は，同一の製品を複数の国に導入できるかどうかという点である。国によっては，製品の仕様を変更する事態が発生する場合も起こりうる。これは，製品の現地適応と呼ばれる。その一方で，同一製品を世界的に地域による差を設けずに販売することもある。こうしたやり方を，製品の拡張もしくは標準化と呼んでいる。コカコーラなどがその典型例である。

2）価格

　価格の設定にあたっては，事業活動を行う組織が中央集権的なのか分権化されているのか，対象が現地市場価格か輸出価格か，価格の決定因にどのような要素が含まれるのか，などが検討されなくてはならない。国際市場における価格設定を統一するか，それとも各市場ごとに変えるのかは，当該企業の競争状態や製品のライフサイクル，現地市場の需給関係，流通構造，法的規制等々により大きく影響を受ける。輸出価格は，輸送量，保険，為替差損，税金，その

他の費用から影響されるが、それらのコストの面から設定された価格を、現地市場の末端価格からみて、つねに整合性のあるものにしなくてはならない。

3）プロモーション（販売促進）

とくに広告に関しては、各国市場における風俗・習慣や価値観、公正取引関係の法規制などにより、マーケターは微妙な対応や調整を迫られる。広告の標準化からみれば、広告テーマやブランド・ネームはより標準化しやすく、広告メディアの選択や人的販売は標準化がより困難とされている。

4）チャネル（流通経路）

最後に、流通経路という点では、現地市場にみられる流通構造の特性や商取引慣習といった、当該企業には統制不可能な要因により多くの制約を受けざるをえない。

5. 貿易収支

輸出高が増すということは、その国の経済にとっては好ましいことである。

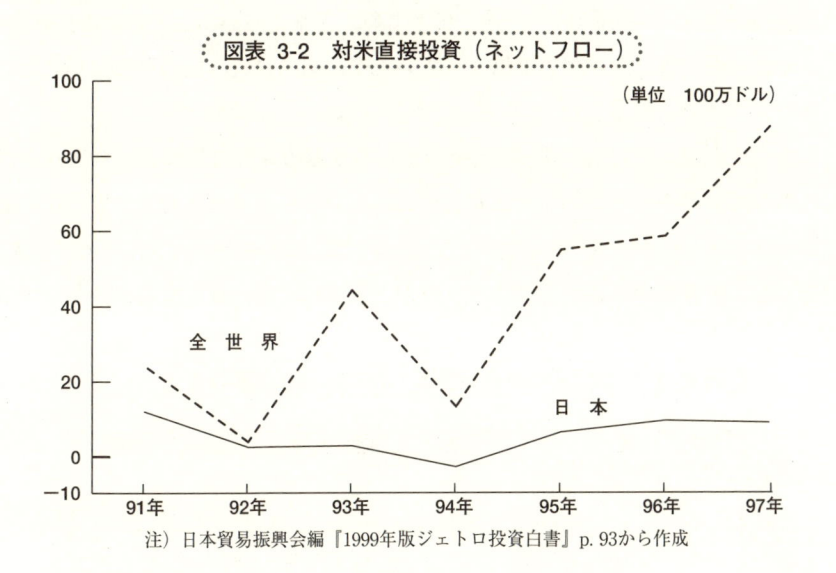

図表 3-2 対米直接投資（ネットフロー）

（単位 100万ドル）

注）日本貿易振興会編『1999年版ジェトロ投資白書』p. 93から作成

一方、輸入が増えすぎることは、貿易収支のバランスが崩れていくことを意味している。国際収支の支出と収入のカテゴリーには、軍事、国際援助、海外投資、海外投資の収益、観光およびその国際収支が含まれている。貿易収支は、輸出入の差額である。輸出が輸入を超過すれば収支はプラスになり、貿易収支の黒字と呼ばれる。逆に、輸入が輸出を上回ると、貿易収支は赤字となる。

貿易収支に影響のある要因として、消費者の好み、技術、参入障壁、政府の政策、税体系、マーケティング能力をあげることができる。輸出を増加させるための方策には、品質と生産性の改善、海外の文化にマーケティング活動を適応させる、外国市場では現地の言語を学習する、より長期的な視点で将来への投資を行っていく、などがある。

図表3-2は、外国企業の対米直接投資の伸びを示している。1980年代後半から急速に衰えていた対米直接投資額が92年以降、順調に回復の傾向を示し、97年には前年比49.6％増となった。これは、アメリカ経済の好調さに対して、その成長性を見込んだ外国企業によるアメリカでの拠点拡大をめざすM＆A（Merger and Acquisition, 企業合併と買収）が増えていることによる。一方、日本からの投資は、84年以降拡大していたが、国内景気の低迷から94年にはいったんマイナスを示した。

次に、図表3-3は、1980年代後半からの世界の海外直接投資額の大きい国の順位の変遷を示している。80年代中ごろまではトップだったアメリカに代わり、87～88年にはイギリスが、そして89～91年には日本がトップに立っている。しかし、92年以降はふたたびアメリカがトップに立ち、現在までアメリカの好

図表 3-3　世界の対外直接投資・上位3か国（国際収支ベース）

(単位　10億ドル)

	85年	86年	87年	88年	89年	90年	91年	92年
1位 (金額)	アメリカ 13.4	アメリカ 17.1	イギリス 31.3	イギリス 37.1	日本 44.1	日本 48.0	日本 30.7	アメリカ 34.8
2位 (金額)	イギリス 10.9	イギリス 17.1	アメリカ 27.2	日本 34.2	アメリカ 36.8	アメリカ 27.1	アメリカ 29.1	フランス 18.8
3位 (金額)	日本 6.5	日本 14.5	日本 19.5	アメリカ 15.4	イギリス 35.2	フランス 26.9	ドイツ 22.4	ドイツ 18.0

第3章 国際化のなかの企業組織　59

	93年	94年	95年	96年	97年
1位	アメリカ 78.0	アメリカ 75.2	アメリカ 96.7	アメリカ 81.1	アメリカ 121.8
2位	イギリス 26.6	イギリス 33.8	イギリス 44.1	イギリス 35.2	イギリス 61.4
3位	フランス 20.6	フランス 24.4	ドイツ 38.8	フランス 30.4	フランス 35.5
4位	ドイツ 15.3	日本 18.1	日本 22.5	ドイツ 29.5	ドイツ 33.1
5位	日本 13.8	オランダ 17.3	オランダ 19.5	日本 23.4	日本 26.1

注) 日本貿易振興会編『1994年版ジェトロ白書　海外直接投資編』p.2
　　および同会編『1999年版ジェトロ投資白書』p.4から作成

調さが続いている。

6. 国際化によって生じるコンフリクト

　人間対人間，個人対組織，組織対組織，国対国など，2者以上の間でたえず発生してしまうのが，コンフリクトすなわち対立や葛藤さらには闘争である。たとえば，前節でみたように，貿易収支にアンバランスが生じ，その期間が長びけば長びくほど，コンフリクトは混迷の度合いを深めていく。だからこそ，WTOなどの国際的な調整機関が必要とされるわけである。

　以下では，1980年代以降顕著となった諸外国と日本とのコンフリクトを知るために，コンフリクトに対する日本企業の行動をみたうえで，日本企業が海外に現地法人を作った場合に，現地人スタッフとの間でどのようなコンフリクトを引き起こすのかについて検討する。

　わが国では，一般的に，コンフリクトを回避していく傾向が強く見受けられるといわれる。しかし，こうした現象をくわしく業界単位で観察してみると，実際には，規制の多くかけられている業界とそれほど規制の対象とはなっていない業界とでは，コンフリクトに対する対応のしかたに大きな差があることがわかる。ここでは，メーカーと流通業者との関係に着目して，組織対組織，すなわち，企業間のコンフリクトについてみることにしよう。この場合，主として，利益の大小，納期問題，製品の仕様に関する問題，物流業務の負担をどの企業が主として行うか，などがコンフリクトの争点となる。

　コンフリクトのパターンには，回避型コンフリクト，対決型コンフリクト，協調的コンフリクトの3つが存在する。

(1) 回避型コンフリクト

このパターンは，流通業界のみならず，日本企業では全般的に行われている。たとえば，株式の持ち合いや取締役の複数企業兼務や天下り人事，さらには人材の相互交流などがあげられる。こうした馴れ合いの体質からやや前進した形態として，系列取引がある。

わが国のコンフリクト回避のための慣行は，国内だけで競争を展開している間や，「モノ」自体の優秀性，つまり品質の良さなどだけで競争のできた時代には，諸外国の企業に対しても十分な優位性となり，日本的経営といってもてはやされた時期もあった。しかしながら，競争の質が変化すると，とたんにこれらの方式は国際的に通用しなくなってしまった。

(2) 対決型コンフリクト

一般的には，わが国ではこうしたコンフリクトのパターンは少ないとされている。しかしながら，業界の歴史が比較的浅いところでは，あるいは，アメリカの影響を強く受けるような業界では，少なからず見受けられるようになってきている。たとえば，化粧品や家電業界に加え，パソコン業界でも，価格維持をめぐってメーカーと流通業者との間で裁判にまで発展する例もみられるようになった。

このように対決姿勢を前面に出す行動は，まだまだ数は多くないとはいえ次第に現われてきており，今後，規制緩和が進められるプロセスのなかで，従来以上に対決型のコンフリクトが増えるのではないかと考えられる。

(3) 協調型コンフリクト

対決の状態を相互に納得して協力しあえる関係に転換することが，このコンフリクトの解決のパターンであると考えられる。こうした解決のパターンも，本来わが国ではあまりみられなかった。しかしながら，戦略的提携の考え方に

基づいて，これまでは単なる取引先の関係でしかなかった企業同士が，じっくりと時間をかけて，相互の差異やかかえている問題点を解決しあいながら，情報システムを核として，長期的な関係を構築する企業関係が登場してきた。

これまでにわが国においてみられた戦略的提携の例として，あるトイレタリー・メーカーと大手小売業者との間では，実際に提携関係に至るまでに3年もの月日をかけて，商品・情報・サービスの各分野で重複する業務をすべて見直し，リアル・タイムで消費者の変化に対応するためのさまざまなしくみを共同して作りあげてきた。

以上のように，わが国ではコンフリクトの解決のしかたも，少しずつではあるが，回避一辺倒から，業界の動向や特性に応じてより建設的な協調型のコンフリクト解決へと質的変容を遂げはじめている。

7. 国際人的資源管理と海外現地法人で生じるコンフリクト

以上のような特性をもった日本企業が海外に現地法人を構え，現地スタッフを雇用した場合には，どのようなコンフリクトや問題が顕在化するのだろうか。以下では，国際人的資源管理に関する諸問題について，検討してみよう。

(1) 国際人的資源管理の4類型

ロッシェル・カップ（Rochelle Kopp）によれば，国際人的資源管理について，次のようなタイプが指摘されている（カップ，1993, pp. 39～41）。

1）民族中心主義（Ethnocentric）……海外事業における主要な地位は，すべて親会社と同じ国籍をもつ人間で占められる。ここでは，親会社と同じ国籍を有する人間が能力的にすぐれており，国内で成功を収めた手法を用いることで海外事業も運営できると信じられている。

2）多中心主義（Polycentric）……ここでも，主要な地位はすべて親会社と同じ国籍をもつ人間で占められるが，海外事業での意思決定は現地採用のスタッフに分権化される。

3）地域中心主義（Regiocentric）……複数の子会社が地域的にグループを形成し，ともに密接な行動をとる。意思決定権限は現地に委譲され，地域ごとの統括会社が存在する。

4）地球中心主義（Geocentric）……意思決定をグローバルな観点から調整しようと試みており，海外事業からの情報をかなり参考にしている。国籍にかかわらず，どの従業員も社内の主要ポストの対象として考慮される。

欧米の多国籍企業は，1）の民族中心主義から離れつつある。これに対して，日本の多国籍企業のほとんどは，進出地域のいかんを問わず，1）または1）と2）の中間段階にとどまっているように思える。

(2) 90年代の調査結果からの知見

海外進出を進める企業の人材問題を考える場合，現地（進出先地域）の人材の採用・処遇・活用の問題と，本国の人材の海外派遣の問題という2つの領域に分けられる。日本企業の実態や課題について，近年の主な調査結果を参照すると，次のような知見がえられている。

まず，現地の人材活用のなかでもブルーカラー層については，昇進管理，幅広い技能形成，モラール・アップなど，日系企業の人的資源管理はかなりうまく機能していると認識されている。これは，学歴による初任給格差が小さい，採用後の査定つきの昇進・昇給管理を通じて能力主義が適用される，技能工から監督者への昇進が低学歴者にとってキャリア形成上の励みになる，職務範囲の柔軟性が保持されるような人材育成が実施される，といった取り組みが成果をあげているからだという（白木，1995，pp.13～14）。

次に，大卒者やホワイトカラーの採用と育成，モラール・アップについては問題が多く，日系企業は大卒者の初任職位が低く，最高職位も低く，昇進範囲も狭いことが指摘されている。そして，とくに重要な課題として，現地マネジメント人材の格上げとキャリア・パスの整備，すなわち競争力のある給与，マネジメント人材の内部化，トップ・マネジメントへの昇進可能性，経営の意思

決定への実質的参加などがあげられている（白木，1995，p.13, pp.222～223）。この点は，次項で紹介する筆者の調査結果でも明らかになっている。

　そして，海外派遣されている日本人従業員の状況については，海外勤務にともない国内では考えられない高い職位につくことから，「職位」「仕事の内容」「権限・責任」といった海外勤務そのものに対しては，きわめて満足度が高いが，「会社に関する非公式な情報」「給与水準」「労働時間」に関しては，満足度はかなり低いという調査結果が示されている。一方，海外派遣者の帰任後の状況については，会社関連の公式・非公式の情報を除き，海外勤務中の方が仕事満足度は高く，帰任後は低下することが多いという。これは，いわゆる「帰任者問題」といわれるもので，職位の降格や，海外勤務経験が十分に活用されないことに起因しており，帰任後の処遇の整備を求める声が強いことが指摘されている（梅澤，1994，pp.77～89）。

　ところで，海外展開の動きは主に大企業から始まったが，中小企業でも，取引先や関連企業になっている大企業の要請をうけて海外事業所を開くとか，独自に海外市場をめざして進出する動きも次第に増えている。

　東京都立労働研究所が行った『中小企業の海外進出と派遣人材に関する調査』(1997) からは，次のような結果がえられている。

　①　調査に回答を寄せた都内中小企業（建設業，製造業）のうち，従業員を海外に派遣している企業の割合は，規模 100人未満で約5％，100～200人未満で約10％，200～300人未満で約20％にのぼっている。

　②　海外勤務者数は1企業当たり1～2人が多く，職種では経営管理者と技術者が多い。海外派遣を決める際のもっとも大きな問題は人材不足で，従業員が海外勤務をいやがると答えた企業も少なくない。海外派遣の対象者の決め方やその条件については，必ずしも明確なルールに則しているわけではなく，また労使間で集団的な取り決めがなされている企業も少ない。

　③　海外勤務に対する企業の対応は，賃金・諸手当，福利厚生による補償が中心で，国内とのコミュニケーションを保つ措置もとられているが，現地での

活動や適応を助けるような事前研修を行っている企業は少ない。

④　海外勤務経験者への調査によれば，仕事に関連する事柄にきわめて高い満足感や達成感を示している。また，派遣後の職位でも，派遣前よりも昇進を果たした人が多く，海外経験の評価が昇進につながっている様子がうかがえるが，その一方で，適宜の帰省，社内情報の伝達，派遣前教育などに対する要望は高い。

以上の調査結果をみると，中小企業の海外進出は，多くの場合，海外勤務者に関する条件整備やサポート体制が行き届かないままで行われており，個々の海外勤務者の特別な努力や資質によって成果をあげてきたように思われる。

(3)　日本企業の実態

とくに上級人材やホワイトカラーについては，筆者がカナダのバンクーバーと香港において行ったヒアリング調査（対象は日本の総合商社3社とゼネコン1社，自動車部品メーカー1社，流通業4社，銀行2社の計11社）でも，流通業2社を除いた9社が上記と同様の問題点を指摘している（佐々木，1994，1995a，1995b）。

すなわち，事業に関する意思決定の大半は東京本社において行われ，予算配分からマーケティング計画まで現地の裁量範囲はごく限られている。また，昇進についても，流通業2社では，店長や管理職への登用は行われているものの，トップ・マネジメントはすべて日本人であり，管理職に対する教育・研修も日本において行われていた。しかし，こうした制度的後進性は，さまざまな問題を引き起こしている。たとえば，ある流通業者では，香港進出に当たって，開店前に現地採用の従業員（店員）を全員日本に送り研修させたところ，終了後，開店の日を待たずして，9割が他の流通会社に転職してしまった。その後，この会社では考え方を改め，前述の3）を採用し，現地への適応化の方向で事業展開を進めるようになったという。

また，有能な現地スタッフを採用できないという問題もある。成長のいちじ

るしいアジア市場の中心を占めてきた香港やシンガポールでは，有能な人材の多くが欧米流のマネジメントやマーケティング能力を身につけている。欧米ではなおさらのことである。日本企業が，1)や2)の段階にあり続ける限り，こうした人材を確保することは不可能である。

実際，日本企業では，外国語を自由に操ることのできる人材が不足していたり，現地の商慣行に不慣れなために，事業機会を逸してしまうことも少なくない。たとえば，華僑がビジネスの中心的存在であるアジア市場では，華僑のネットワークに入れるか否かが事業の成功に大きくひびく。にもかかわらず，上記の弊害から，日本企業が仮に最高の情報を獲得して，ネットワークに入り込めても，東京本社に意思決定を仰ぐのに時間をかけたり，こうした情報を獲得してきた現地スタッフを冷遇しているために，事業機会を逃すことがしばしばである。

前掲のロッシェル・カップによれば，具体的には次のような問題が指摘されている。すなわち，上司からの指導とフィードバックの欠如，不可思議な意思決定プロセス，日本人の排他性，日本人マネジャーの傲慢さと管理能力の欠如，人種差別と性差別，不公平な人事制度である。マーケティングで顧客満足が重視されるのと同様に，雇用や人事のあり方においては，従業員の職務満足が重視される時代になってきていることを考えると，適応化への努力がいっそう強く求められているのである。

(4) 国際経営のための人材育成，キャリア形成

この問題については，とくに日本企業の国内における対応を考えてみよう。

石田英夫は，以下のように提言している（日下・阿部編，1992, p.10）。「海外事業のマネジメントの仕事はますます複雑化・高度化しているので，高度の専門能力または管理能力を持ち，国際語としての英語を駆使して指導力・交渉力を発揮できる一級の人材を育成・選抜して派遣する必要がある。海外勤務者の何倍かの人数の候補者をプールして，語学訓練だけでなく，高度な国際経営能

力の開発に力を入れる必要がある。その中から適材を選抜して数年間のローテーション（経営責任者は最も長く，技術者は最も短い期間）で海外に派遣するというのが妥当な行き方であろう。海外からの帰任時の配慮も，優秀な海外要員を確保するためには重要である。海外派遣者のモチベーションはさほど低下していない。それは妥当な給与水準を維持し，フリンジ・ベネフィットの工夫と配慮による面もあるが，海外勤務中の職務・権限・責任・地位の向上によるところが大きい。」

　また，アメリカを中心に経営学修士，いわゆるMBAを取得した者を優先的に派遣するという方法が採られるケースもある。企業が，資質があると認めた社員を派遣する方式である。しかし，この方式は，帰任後の社員を適切な職務に配置するような人事制度が構築されていない場合は，かえって当該社員のモチベーションを低下させるばかりか離職を招くおそれもあり，現在では見直しの傾向にある。逆に，わが国においても大学の社会人入学制度が文部省によって奨励され，国内でMBAを取得させるというケースも増えはじめている。

　ところで，こうしたさまざまな制度の導入もしくは見直しは，企業に十分な体力のあるケースに限った話である。中小企業の場合には，財務的資源や国際化に対応できる人材不足などの理由から，同様の人的資源管理には限界があることが少なくない。こうした場合には，人材のアウトソーシング（いわゆる人材派遣の活用など）や外国企業との取引を主たる業務とする企業との提携によって，かならずしも自社の人材に無理にコストをかけて育成するのではなく，協力関係のなかから事業を国際化するといった方策も考えられる。

8. まとめ

　本章では，企業が国際化するにあたって，組織の構成，組織外部との関係としてのマーケティング，さらにはこれらを実行する人材の問題を考えてきた。「国際標準」への適応ということが有力な認識のひとつとなりつつある，こんにちの経営環境では，自国や自社さらには本国の利益ばかりに囚われていると，

中長期的には取り残されてしまう可能性が高まりつつある。その意味で,市場との関わりを中心に,組織や雇用のあり方を再検討すべき時代にあるのではないだろうか。すなわち,事業のあり方を国際標準に近い内容へと改め,その上で,進出する地域の特性に合わせて権限を委譲する,つまり分権化を推進していくことが期待されている。

また,働く個人の側としては,こうした変化への対応として次のような姿勢が求められているのではないだろうか。すなわち,これまでのように会社依存型の,いわば他者支配型の人生設計は,全員が一律に評価される成長過程の企業のなかで可能とされた考え方である。しかしながら,従来のように会社一辺倒の考え方では,環境変化に対応した自己変革は難しくなる。そこで,個人の自立が必要となってくるのである。

そのためには,以下のような方向への考え方の転換を図らなくてはいけない。すなわち,①仕事のなかに自分自身の生きがいを見出だす自己革新を図り,②個々人のもつ多様な価値観を認め合う姿勢をもち,③自らの個性・能力を十分に開拓する努力を継続し,外国との交流を日常の問題としてたえず自覚することである。

引用・参考文献
カップ,R.著,上野俊一訳(1993)『日本企業の文化破壊　雇用摩擦』産能大学出版部
日下弘美・阿部康宏編(1992)『国際経営の新人事施策』(社)企業研究会
日本貿易振興会『1994年版ジェトロ白書　海外直接投資編』『1999年版ジェトロ投資白書』
佐々木茂(1994)「創造型流通システム　事例研究Ⅱ — 北米CS重点企業の事例 —」『高崎経済大学産業研究所紀要』第30集(1)
佐々木茂(1995)「創造型流通システム　事例研究Ⅲ — アジア流通企業の事例 —」『高崎経済大学論集』第37集(4)
佐々木茂(1995)「創造型流通システム　事例研究Ⅳ — ウォル・マート社とエイビス社の発展のプロセスと従業員重視がもたらす顧客満足」『高崎経済大学産業研究所紀要』第30集(2)
白木三秀(1995)『日本企業の国際人的資源管理』日本労働研究機構

竹田志郎編著（1994）『国際経営論』中央経済社
東京都立労働研究所（1997）『中小企業の海外進出と派遣人材に関する調査』
梅澤　隆（1994）「海外派遣者のキャリアと動機づけ」石田英夫編著『国際人事』中央経済社
占部都美編著（1986）『経営学辞典』中央経済社
山崎清・竹田志郎編（1993）『テキストブック国際経営』有斐閣
吉原英樹編著（1994）『日本企業の国際経営』同文館

第 4 章
環境問題と企業の対応

はじめに

　環境問題が「私たち」の問題になって，かなりの時間がたった。今では誰もが，「環境」について少なからず考えるようになっているし，場合によっては日常生活において，環境保全のための身近な努力をしている人もいるだろう。
　当初この問題は，破壊の原因者である企業と，被害にあう地域住民の関係から論じられることが多かった。たとえば，日本の高度成長期を通じて，立て続けに明らかにされた公害を想起していただきたい。原告の住民が被告企業を相手取って，異議申し立てを行った公害裁判も繰り返された。
　ところがこの両者は，加害と被害というかたちで分解されるものでもない。生活者は，自身や家族の生活をなりたたせるために，企業で働くことによってその費用を獲得している。また双方は，製品やサービスを介して互いにより密接に結ばれるようになった。身の回りを見渡せば，家庭では待機中でも電力を使っている多くの電化製品があり，知らないうちにビニールやプラスチックのゴミがたまってしまう。このように，意識のあるなしにかかわらず，生活者は企業と同様に環境問題に荷担する場合も増えており，企業の環境対策についての考え方や製品づくりに私たちは無関心でいることはできない。
　そこで本章では，企業を取り巻く社会の環境に対する動向と，それらを受け企業で採用されている対策活動をみていくことにする。とくに，議論の中心となる企業の環境対応については，具体的な事例をもとに説明をする。それをふまえて，環境対策の積極的な評価だけではなく今後の課題も検討する。

1. 「環境問題」の所在

(1) 環境問題をめぐる議論

　本章のテーマは,環境問題と企業との今日的な関わり方を概観することにある。しかし,そこに立ち入る前に,「環境問題」とは何かについて確認しておきたいことがある。とくに,「環境問題」とは2つの意味で人間によってつくりだされる問題であるという点をおさえておきたい。ひとつはいうまでもなく環境が産業活動によって破壊されているという側面であり,他のひとつは人びとの認知に基づきそれが意識の上で問題化されるという点である。

　第1の産業活動にともなう環境問題とは,化学産業の発展にともない排出される有害化学物質が自然環境や動植物,そして人体にまで影響をおよぼす一連の被害を含み,産業開発に随伴して生じる環境破壊を指す。オゾンホールや酸性雨,熱帯林の過剰な伐採など,普通にいわれる環境問題の諸現象がこの側面から発生しているのは周知の事実だろう。また,より範囲を拡大すれば,生活資源の多くを産業活動の生産物にたよる現代の私たちも,購入と利用という生活レベルでこの問題に関わっているのである。

　第2の社会的認知の側面は,とくに重要である。一般に環境問題とは今述べたように,自然環境が荒廃したり人為的に破壊されることを意味するものである。そのため,私たちが自然と感じている周囲の物理的状況が,客観的にどれだけ廃れ壊されているかが,その問題の核心を構成していると思いがちである。しかし,単に自然環境の破壊という客観状況そのものではなく,その破壊を認識する私たちの意識が状況を問題化していることに注意すべきである。私たちのこの主観による認識はその時その場の社会から影響を受けているので,人びとが何を問題だと判断するかは時代性や地域性という点と密接に関わっており,社会的なしくみのなかで問題がつくりだされているということになる。たとえば,過去のある時期の「青空のもとでのにぎり飯の生活と煙のもとでの豊かな生活のどっちを取るのだ」といった,工場が林立しその煙突から出る煙を

発展の象徴だと歓迎する考え方は，明らかに現代の感覚とはズレている（飯島，1995, p.65）。また，赤潮の発生に関係する湖沼の富栄養化の問題でも，それを豊かで良いことだとみる中国の状況と，問題だとみて解決へと努力する日本の状況には，明白な認識の違いが存在する（飯島編，1993, pp.154～156）。

　私たちの認識に影響を与えている事項でさらに指摘すべきは，近年の環境問題の視野の広がりである。1987年には環境と開発に関する世界委員会，通称ブルントラント委員会が，サステイナブル・ディベロップメント（Sustainable Development）という理念を世に送り出し，環境問題の認識を全世界的に喚起させた。同時に科学技術の進歩によって，「私」の暮らす場所だけではなく，「私たち」の暮らす地球環境の荒廃が誰の目にも確認されるようになった。その後1992年には，リオ・デ・ジャネイロで国際環境開発会議（UNCED）があり，この頃から日本でもようやくまとまった環境対策が始められていった。これら国際決議の意図するところは，環境破壊が単純に一地域的な問題ではなく地球全体で関連しあって進行しているという認識の上に立って，その解決にも地球規模での取り組みを要請することである。日本で捨てられた廃棄物が東南アジアで埋め立てられて土壌を汚染したり，隣国で排出されたガスが国境を越え酸性雨となって降る現象はこの端的な事例だろう。ここであらためて企業は，環境と向きあうことになったのである。

(2) 企業と環境の関係

　それでは日本の企業は，これまで環境をどのようにとらえてきたのだろうか。現在に至るまで，企業は生産活動のための資源やエネルギーの調達から，製造過程で発生する排出物や廃棄物の処理まで，あらゆる面で環境を利用することで，活動の基盤をつくりコストの削減をはかってきた。大量生産・大量消費・大量廃棄を特徴とする現代産業社会では，競争力の強化のためにも，企業は環境を組織にとって有効に利用することを必要としてきた。無償で使うことのできる資源として環境を認識してきたともいえる。その結果，有害廃棄物や排出

物の処理を自然の還元力に頼って，たれ流しや捨てっ放しを繰り返し，環境と資源の保全に配慮しなかったことで，企業活動は深刻な公害を発生させてしまったのである。

日本で公害問題が顕らかにされ訴訟へと展開されていった時期は，1960年代から70年代にかけてである。有名な4大公害（水俣病，イタイイタイ病，新潟水俣病，四日市ぜんそく）は，この期間に立て続けに問題化された。ここにおよんで，ようやく企業はその対策の方向をみせはじめた。公害を出してしまったら，その賠償に経費を使うことになる。当然，企業のイメージを下げてしまうことにもなる。これは競争力の低下につながるから，それなら公害を出さないほうがより良い選択だという認識に立ったからであった。同時期の相次ぐ公害規制の強化とも重なり，企業が工場立地周辺など，その特定地域の環境を意識することとなったのである。

また今でこそ省エネルギーや省資源が，人類の重要な選択のひとつであると判断されているが，90年代に入るまで，また今でも，企業の視点は経費削減といった効率の論理によるところが少なからずある。環境対策に向けた諸活動の基盤は環境問題に対する危機感からではなく，安定的な経営のために推進されてきているのである。1970年代の石油ショック期には省資源・省エネルギー型の企業行動が要求され，こうした対策はますます重要な企業戦略となった。ある特定の社会環境のなかでの，このような企業の生産力・競争力・体力強化のための諸対策は，広義の環境への対応だといってもよいだろう。ただし，それは視野を企業の所在地周辺に限定し，意識を組織の内側に向けて経営の安定化をめざしているため，結果的に公害問題を発生させてしまった組織体質と根は同じである。この意味では，消極的な環境対策期と呼ぶべき時代である。高度経済成長から石油ショックを経てバブル経済期に至るまで，企業にとって環境を有効に利用する傾向に基本的な変化はなく，環境は安定的な経営を支える必要な資源としてみられ続けていたといえる。

ところが1990年代にはいると状況は少しずつ変化し，いよいよ企業において

も公害から環境問題へと射程の拡大がはかられてきた。もちろん国際会議の決定が各国の規制に影響を与えたことも，企業活動に環境を取り込む契機となったであろう。また，地球規模で環境への配慮が必要であるとの意識が高まった1980年代後半からの世界的な状況をうけ，企業としても環境への配慮を余儀なくされたといえる。

2. 企業における環境問題への対応
(1) 環境対応の動向

では，とくに1990年代における企業の環境対策の特徴とは何か。

まず，社会的要請とのからみでいえば，ある程度工場の所在地の周辺に制限された汚染と健康被害，つまり地域的に限定された従来の公害問題の枠組みをさらに広げ，ある特定の地域から排出される物質がまったく異なる場所の環境をも破壊してしまう現象，つまり地球環境問題を，企業がしだいに確認するようになった。局地的な問題解決のために汚染要因を地域外へ移送・移転しても根本的な解消にはならないことや，環境破壊の要素が複雑にからみ合っている構造を，企業が認識したといえる。

また経営学の立場からは，こうした環境への対応に必要とされる組織的特質として次の3つの分析項目が提起されるにいたった。すなわち，経営陣のイニシアティブ，環境経営理念の確立，そして専門のスタッフの配置である。このような3本柱を据えた経営学からの分析視座は，企業運営を担う経営陣が環境保全についての認識を深め実行に移し，その組織的対応として企業理念のなかに環境保全項目を組み入れ，対応策を社内で推進するために環境を専門に担当するセクションをつくり，環境対応を全社統一的な政策として実施する必要性を，的確に把握しまとめたものである。

筆者が1996年から97年にかけて，関東圏に所在する大手製造業20社の環境政策について調査を行ったところ，程度の差はあるもののすべての企業でこの3つの項目は確認された。それには2つの理由がある。まず1991（平成3）年に，

経済団体連合会が「経団連地球環境憲章」を作成した。これは企業が環境保全活動を行うためのガイドラインというべきものである。これを大きなきっかけとして，経営者の側から環境対策を本格的に進めるべきだという方向づけがなされたのである。また1992（平成4）年には通産大臣から主要業界団体へ，自主的取り組みの計画づくりを旨とした「環境に関するボランタリー・プラン」策定の要請があった。これによって各社が経営理念のなかに環境関連の項目を追加し，具体的目標を設定し，あわせて環境管理部や環境統括室などの名称で環境対策を専門的にあつかう部署を設置し，そこに人員を配置して推進させるようになったのである。

このようにして企業は，省エネなど技術体系に主眼をおいた生産工程の変更に加え，企業理念や人的資源配置に関わる組織構造の変更という，もうひとつの対応を行ってきた。または，環境保全のための諸要素を積極的に内包する下地をつくった。環境が私たちの社会の存続を左右する大問題ならば，その保全の必要性は同時に企業にとっても不可欠なものである。そして今では，より深く経営にくいこんだ環境対策が試みられているとみられる。これまで環境が，単なる効率性追及の資源としてみられてきた経緯から判断すれば，これはかなり意味のある認識の転換とみることができる。

(2) 環境政策の内容

企業が積極性をもって取り組む環境への対応の仕方は，以下の4つに分類することができる。

第1は公害問題から引き継がれている対応策で，環境負荷の高い製造工程の見直しなど，組織内の環境破壊的要素の削減と削除である。そして環境監査の実施がこれらを補完している。また，ISO（International Organization for Standardization：国際標準化機構）のような国際規格の取得も，この項目の一部である。

第2は企業イメージに関するもので，社の内外に発信されるべき必要な環境

情報を公開することと、それに付随する企業評価の向上をめざすものである。もちろん上記ISOの取得も環境優良イメージに関係し、ISO14001[注]の保有が商取引における信用形成に大きく関わってきたために、多くの企業が取得に向けて動いている。また、地域緑化事業やボランティア、NGOなどに資金と人材と設備の援助協力を行うなど、このような企業の社会貢献活動は一般にメセナやフィランソロピーともいわれているが、これらもイメージ向上策の一環といえるだろう。

　第3は、これまでの環境対策の経験的蓄積をもとにしたあらたな環境ビジネスの展開である。これはエコ・ビジネスともいわれ、足立辰雄（1997）の分類によれば、公害防止装置の製作と環境アセスメントを実施する公害対策型、環境保全型システムの構築やエコマーク商品を提供する環境保全型、アメニティーと環境の質の維持とを組み合わせた環境創造・維持管理型、環境保全のための情報とノウハウを提供する情報型の各分野がある。

　第4は、環境政策の根底に関わるもので、全社員を対象として推進される環境保全意識の高揚をめざす諸活動である。各年次や階層ごとの集合研修、そしてOJTなどの社員教育を通じて従業員の意識を高めたり、あるいはISO取得や環境監査に社員を動員し、保全活動を全員で共有したりすることがこれに含まれる。全社をあげてめざすISO14001の取得には一人ひとりの参加と活動の実績が問われるため、その導入過程および結果において従業員の環境教育ときわめて密接に関わるともいわれている。

　以上の各事項を、環境経営の3本柱である経営者の認識、環境経営理念の採用、環境スタッフの配置によって推進しているのが、現在の環境への対応の実態だとみることができるだろう。そこで次に、実例をもとに、企業による対応の状況を具体的にみていきたい。

(3) A社の事例

　A社は、機械製作を主要な業務とする従業員5,000人規模の大企業である。

注　ISO14000シリーズは環境管理システム、エコラベル、環境パフォーマンス評価などを規格化しており、14001番が国際環境管理規格にあたる。この取得が国際的な商取引の信用に関わるため、1996年9月の発効以降、多くの企業が認証を得ている。

少々大胆な分け方だが,現業職と呼ばれているブルーカラーが全体の5分の1,エンジニア,スタッフ,管理職をあわせたホワイトカラー層が5分の3,女性は事務職のみで全体の5分の1という職種構成で,従業員の大半がエンジニアという特徴がある。

1) 環境に向きあう企業

A社が環境への対策をとるきっかけとなったのは,一方ではもともと水や空気という分野のモノづくりをしてきた経緯,つまり環境関連機器メーカーであったこと,他方では1988年から始動していた環境ビジネスの展開にあわせ,現在の会長(当時は社長)が1989(平成元)年に提案した,水と空気に加えもっとトータルに積極的に環境に関与すべきではないかとの方針であった。それが経営会議で採択され,企業理念の中心に環境への対策事項を取り入れ全社一貫のテーマとして決定されたことから,環境政策が企業内で始められた。そこには環境保全を通じて社会に貢献しようとする姿勢と,環境を会社の中心的なイメージに据え,より一層のビジネス展開力をみせる意向があった。

A社は従来から,機械産業の特徴として化学産業に比べれば環境負荷は低く,公害や環境問題への関与も少ないといった自社評価をしていた。しかし生産工程では,ゴミとなる屑や油,洗浄剤を使用し,多くの梱包廃材なども出ている。増産のために生産ラインを拡大すれば,統一的なエネルギー管理も大切である。また工場周辺では,騒音,振動,水質,大気への対策も当然必要である。さらには関連会社の増加にともない,グループ内に化学物質をあつかう企業も増えた。そこで,相対的に負荷は少ないかもしれないが,企業の責任として手をつけるべき課題はたくさんあるとして,社内での問題を点検・再認識し,環境推進型企業をめざすための目標がつくられていったのである。現在では同社は,生産活動自体が環境問題を生みだすからには,企業は環境を含め社会的な責任において,総合的な見地に立つべきだと考えるに至っている。

2) 環境政策の組織機構

A社が環境への対応を進めるにあたり,社内の組織や目的にいくつかの変更

第4章　環境問題と企業の対応　77

が加えられた。まず，経営理念や努力目標に，環境保全への展望と具体策を付加したのがその出発点をなした。ここから全社統一的な環境政策が推進されると同時に，従業員一人ひとりに企業の向かうべき方向が明示された。これはトップダウンによる政策の展開であり，会社で決められたのだからそれを遵守しようという態度を社員間に生みだした。経営陣という後ろ盾を使い，意見の葛藤を抑えることで，スムースな導入が可能となったのである。

　A社の環境政策に関連した組織化の歴史をみてみると，1992年1月には全社組織である地球環境委員会が設立され，各事業所ごとにまかされていた保全活動が横断的に再編成された。翌93年1月には同委員会が環境統括委員会に改組された。この環境統括委員会には部長，工場長クラス，つまりラインの責任者がメンバーとして任命され，経営課題の中心に環境をおいた会議を年に4回開催している。これ以後A社は，本格的に環境ビジネスと環境保全活動とを経営における車の両輪として掲げ，環境政策に高い比重をかけることを明確化した。

　同時に，専門スタッフとして環境統括室も設置された。この統括室は環境統括委員会の事務局であり，環境政策の業務を一手に引き受ける政策の事実上の推進主体でもある。責任者には専務がつき，経営会議との連絡を密に行っている。環境政策が経営の最重要課題であるため，この組織体制により統括室の提出議案はただちに経営会議で審議され，決定までにかかる時間の短縮が可能となった。さらに，トップの経営陣が直接監督している部署ということで，組織内での役割と政策の重みを増すことにもつながっている。

　統括室には，人事部から抜擢され任命された室長を含め，4名の専任従業員が配属された。その人選には環境に関する専門知識よりも「やる気」が重視され，前例のないいわばゼロからのスタートを，メンバーの活動意欲にまかせたところが興味を引く点である。とにかくやってみようとする行動中心の政策運営にあたり，数値的な努力目標だけでなく，社員の意識や意欲に働きかけようとしたところに特徴がある。

3) 積極的な環境政策

A社の環境政策の特筆すべき点をあげておこう。

まずはじめにあげられるべき点は，環境意識の成熟を狙った従業員教育が，多様な場面で推進されていることである。一般に環境問題にあたっては保全の意識をもった諸個人の行動が不可欠であるといわれており，企業においてもこの観点は重要なため，各社とも環境対策を進めるにしたがい問題となってくるものなのだが，政策の初期の段階からここに目をつけたのは評価されるべきだろう。また，社内での環境活動の盛りあがりから，若手社員を中心とした自発的な環境グループができているのも興味深い。環境保全推進委員会，通称ノア(Noa)[注]と名付けられたこのグループは，従業員とその家族の環境意識を高めるために設立されている。意識啓蒙のための広報活動や，意識の熟成度を調べるための社内調査の実施など，従業員に積極的に環境活動へコミットするように働きかけるのがその役目だ。環境委員会が会社の業務のなかで環境保全を徹底するのに対し，ノアは個人の責任領域で環境に配慮するための働きかけを行うグループであると自らを定義している。そして，公募で集められた約30名のメンバーが，その活動を行っている。

次にあげられるのは，教育にも密接に関係しているが，政策への意気込みと関連情報を従業員間で共有する目的から，身近な環境対策努力を社員に課したり，徹底的な数値化を心がけ社員に報告している点である。コピーの裏紙利用や省エネ，ゴミの分別など，細かい実施項目をあげて環境活動に触れてもらうことから始め，さらにただスローガンを掲げるだけではなく，全員の1年間の節約によってどれ程の経費が削減できたかを計算し報告し，従業員に環境活動が意味のあるものだと納得してもらう工夫を重ねている。とくにこの分野では，多くの女性社員が興味をもって参加し活動している。

こういった環境政策は，企業という組織からみた場合，なんらかのメリットが確認されることでなお一層の展開へと向かう。A社では環境政策の社内効果として，以下の点をあげている。

注　サークルを親しみやすくするため，聖書に登場する「ノアの箱船」からとった呼称。

まず，愛社精神の向上であり，従業員態度調査によってもそれが裏づけられたという。従業員の企業帰属意識がより高まり，社内により活気があふれたと評価されている。貨幣に換算されないこうした効果は，企業にとって重要であり意味をもつ。これには，A社の環境政策の中心課題として環境意識の高揚をめざした戦略が取られていることが，大きく関与しているようである。すでに述べたように，自発的なサークル活動のグループができて従業員相互に密な交流をするのは，人的資源の活性化のプログラムと共通する点であり，意図せざる結果ではあるが，A社にとって政策の推進は意味があるということが，より明らかになった。

つづいて，もともと環境関連機器の製作に携わっていた特長をいかし，早期から環境ビジネスをはじめ，環境に関係する色彩を強めていたことを背景として，「環境だったらA社だ」という社会的認知を広め，トータルに環境をあつかうという特徴的な企業のイメージが形成された。これは当然，ビジネスの上でのメリットともなった。さらに，これがエンジニアの仕事意欲にもつながっている。すでにある程度完成し成熟した技術レベルにあるエンジニアリングに環境要素が加わることによって，エンジニアの間に新しい関心が喚起されたのである。

4）環境優良企業をめざす

このようにA社では，トップダウンによる意思決定とわかりやすい環境活動の導入によって，環境企業だから環境活動をすべきだとの考え方を従業員に定着させてきた。この環境企業であるという自信に満ちた認識は，事業発展の方向性にも明確にあらわれている。当初の風水力事業から精密電子，環境事業へ，さらに環境クリニック分野へと順次展開されているからだ。環境という項目を基盤にしてA社の企業アイデンティティの確立がめざされ，対策活動が行われていると判断される。もちろんそれにともない，ボトムアップの自発的なグループの形成があったことは，環境政策の一部の成功を意味しているといえよう。

このような環境企業であり続けるために，今後もっとも力を注がなければな

らない課題は，従業員一人ひとりの環境保全意識をいまよりさらに高めることだと考えられている。各人が意識をしっかりもてば，企業活動全般にわたり環境に配慮することもでき，汚染や破壊を繰り返すこともなくなるからである。しかし，A社のように積極的に政策を推進していても，環境政策が社内世論の十分な賛同を得るのはむずかしいという。これについて統括室長は，自分の部署を無くすために活動しているというおもしろい意見を述べてくれた。つまり，環境を専門にあつかい政策を浸透させる「旗ふり役」の部署は，社内に環境意識が定着すればいずれいらなくなる。それだけの意識形成をしたいという主旨なのである。それには，環境活動が重要であると証明することもさらに必要であり，環境政策がコストや業績にどのように影響するかという問題も解決していかなければならない。

　もちろん環境問題を全般的に見渡せば，A社のみの努力ではどうにもならない。たとえば，他社から部品を購入するさいの輸送用梱包材は減らすことも困難であり，各社での処理工程の違いからリサイクルが不可能な場合もある。こうした問題への対処のために，ますます環境対策の必要性を社会的に訴え，広範な協力態勢を整えることが必要となる。

3. 企業の環境対応と社会的課題
(1) 企業の環境対応

　環境への対応には，A社のかかえる課題にみられるように，乗り越えるべきハードルが残されている。それを環境政策の平均像と社会との関わりのなかで確認しておきたい。

　企業が環境政策を遂行する場合，もっとも社会的批判の対象とされているのは横並び意識が強いという点である。つまり環境対策においても，他社と比較して「乗り急ぎ」と「乗り遅れ」を極端に嫌う傾向がみられるのである。「バスに乗り遅れない」ために，足元の環境問題の解決への努力はすることなく，地球環境ブームに便乗する機関や人びとが出現しているという批判（飯島，

1995, p. 69) は，大手企業の作り上げた先行例をそのまま自社の環境理念としてしまうといった，各社の対応すべき具体的状況とはかけ離れた環境政策の有名無実化に向けられている。それぞれに必要な状況の認識とその対応が，企業行動に求められているといえるだろう。

また，会社の影響力がおよぶ範囲は限られているため，社内の政策によって従業員個々の環境意識が高められても，それは会社内での話にとどまり，帰宅後など会社を離れてしまえば拘束力はなくなってしまう。企業が環境意識を形成するという期待は大きいけれども，現状ではそれは万能ではない。もちろん，組織が諸個人の行動を完全にコントロールするわけにはいかないことを承知しつつ，企業も組織的な閉鎖性から開放され，さらに地域社会との接点をつくったり，勤労者も一人の生活者であるという意識をもつことが要請されてくる。

企業の環境倫理の検討と具体化も，大切な課題である。第1節ですでにみたように，日本の各企業は公害問題を直接的あるいは間接的に経験しているため，ほとんどが公害対策を実施している。この歴史から，各企業で環境対策についてインタビューをすると，それはなにも最近始められたものではないとの意見をよく耳にする。これがひとつの安心材料となって旧来の対策から脱皮できず，積極的な政策推進が抑制されている場合もみられるのである。それゆえ，地球環境の視点に立って，国内外の環境の状態を的確にとらえ，各社の企業活動との関連のなかで十分な対策をとるという，企業の倫理観がいっそう問われよう。

(2) 商品と技術を通じた社会貢献

では，今述べたような問題に，企業はどう対処すればよいのだろうか。

企業が社会的認知を得ていくためには，組織として果たすべき社会的役割を再確認しなければならないだろう。つまり企業は社会に対して，どのようなかたちで貢献をすべきかについて自覚することである。

そもそも企業は，多様なモノ・情報・サービスを提供するという本来の業務をもっている。企業が提供するモノやサービスがより安くより良いものであれ

ば，市場における競争力も高い。現在の社会状況は，より良いと判断する項目のなかに，環境保全への配慮の有無を含めて考える余地をあたえ，環境広報が商品の価値の判断材料となりつつある。より良い技術とモノづくりを提供する企業と，より良いものを判断し購入する消費者の連関がさらに構築されれば，環境への負荷は残るものの，コストのために環境を無視するという短絡的な発想は避けられるであろう。企業とその従業員は，その構築の一端を担っているといえるだろう。

　この商品と技術をとおした社会への働きかけには，もうひとつ重要な要素が含まれている。それは従来の「もうけの論理」に埋没せず，企業が社会に先立って環境保全の費用を払う原因者負担の原則を一部実現しているからである。現代の環境対策では，おこりうると予想されるあらゆる破壊要素を，資源・設計・製造・使用・廃棄という商品のすべての段階から排除したり低減するためのLCA（Life Cycle Assessment）の発想に立っている。これは商品が出回ってから，生産・流通・消費の各担当者が保全費用を分担して拠出するよりも，社会的負担を少なくできるメリットがある。同時にその費用は，競争力の維持のために，価格に転嫁される比率も低く抑えられている状況にある。環境政策の有名無実化に対するチェックとして，企業のこうした姿勢を今後さらに注目することが大切だろう。

(3)　環境意識の醸成をめざした環境政策に向けて

　A社の事例にもあらわれているように，企業が組織として従業員を環境政策に動員することで，そのなかから確実に，環境意識の萌芽や成長のきっかけが生まれる。今まで見落とされがちであった従業員の社会化，つまり企業が社会の成員を再生産する機能を環境対策と重ねることによって，これからの企業像と役割を自覚することも重要だろう。これは，環境破壊の一方の主体としてみられてきた企業の，新しい意義として評価されるべき点だといえよう。そこには，企業から従業員の環境倫理への働きかけと組織的な環境管理が必要であり，

環境政策が企業経営の最重要課題となる傾向は今後いっそうはっきりしてくると思われる。

次に，企業が非常に高度化された技術を用いて生産される商品を，消費者によりわかりやすく説明し，その情報を開示すべきであろう。現代社会では，商品の提供者である企業と利用者である消費者が，ともに環境破壊に関わっている。企業は商品アピールと環境行動への協力を呼かけるさいに，適切で必要な情報を送る責任がある。そうすれば，使い手の適切な利用によって，保全活動にも環境意識にも効果を発揮するだろう。また，製品が高度化され省エネ型になるのはもちろん，より簡単に機械を使うことができれば，従来と比した場合に利用者が環境に負荷の少ない行動を自ずと選択できることになる。たとえば，簡単に迅速に両面コピーができれば紙の節約につながるはずだといった製品づくりのアイディアは，いま実際に各社で企画されつつある。こうした製品の技術が人びとの日常生活レベルで環境保全に貢献するという視点が，多くの企業でもたれるべきである。このように製品を売るための技術開発だけではなく，使用時に焦点をあてて技術が開発され製品が設計されるという状況は，機械のむずかしいしくみやそれぞれの行動が環境にどれだけ負荷をかけるのかについてさほど関心のない利用者を，結果的に負荷を減らす行動につなぐことができる。生活者にたいする企業からの働きかけも，情報と製品を媒介にして可能となりつつあるのだ。

そして，足並みを揃えるという意味では，大企業に限らず中小企業の取り組みも重要性をもつ。職住混在となりやすい中小企業の立地条件から，地域的な健康被害や公害発生，あるいは悪臭，震動などといった住環境破壊が生ずる可能性も高い。本稿では大企業しか取り上げることができなかったが，わずかな調査を行っただけでも，社長の一声で工場設備を大規模に改善するなど，中小企業の動向に興味深い事例があることがわかった。この分野もさらに基礎資料が蓄積され，同様に検討されていく必要がある。

最後に少し視点をかえて，企業で働く人びと，つまり従業員の身の処し方に

もふれておこう。これからの企業と従業員とは,環境政策においても相補的関係にあるべきだとの見方をもつことが大切である。しかしすでに述べたように,実際の職場では環境政策が仕事量を増やす可能性がある。従来の業務の上に政策の理解から具体的な実施項目の徹底などが追加されたり,環境保全のために既存のルーティンそのものまで変更しなければならない場合もある。けれどもそれが,定められた課業をこなすよりも自発的に仕事を創造するきっかけとなったり,会社に対する愛着が増したりといった変化も現われはじめている。職場生活をより豊かにし環境保全を意識するためにも,各企業の環境政策に前向きに関わることはマイナスにはならないだろう。むしろ組織を構成する諸個人である勤労者がより環境に配慮した行動をとることによって,これまでの破壊発生源であるという企業のイメージを払拭するだけでなく,新しい環境保全型社会への移行が期待される。

　企業は社会的な環境意識の高まりのなかで,必要にせまられて環境への対応をスタートし実際の対策をとってきた。しかし環境政策による企業行動は,今後大きな前進をしなければならない。それには,企業が社会的責任や企業モラルをさらに意識し,企業の社会性を環境政策により反映させることが必要だ。企業が変われば環境保全型社会がより近づくはずである。来る21世紀を展望する企業の多くが,環境政策のさらなる推進をめざしている事実からしても,地球環境への対応と社会貢献の推進という観点は,さらに練り上げるべき課題だといえる。

引用・参考文献
足立辰雄（1997）「現代日本企業の環境保全戦略」夏目啓二・三島倫八編著『地球時代の経営戦略』八千代出版
ダンラップ, R. E. &マーティグ, A. G. 著　満田監訳（1993）『現代アメリカの環境主義——1970年から1990年の環境運動——』ミネルヴァ書房
羽田　新（1993）『産業社会学の諸問題』税務経理協会
Hannigan, J.A. (1995) *Environmental Sociology – A Social Constructionist Perspec-*

tive —, Routledge.
ハムフェリー, C. R.&バトル, F. H.著，満田・寺田・三浦・安立訳（1991）『環境・エネルギー・社会——環境社会学を求めて——』ミネルヴァ書房
飯島伸子編（1993）『環境社会学』有斐閣
飯島伸子（1995）『環境社会学のすすめ』丸善
環境経済・政策学会編（1996）『環境経済・政策研究のフロンティア』東洋経済新報社
鬼頭秀一（1996）『自然保護を問いなおす——環境倫理とネットワーク——』ちくま書房
見田宗介（1996）『現代社会の理論——情報化・消費化社会の現在と未来——』岩波書店
岡島成行（1990）『アメリカの環境保護運動』岩波書店
谷口照三（1996）「環境と経営の意味連関とその変革過程——経営者の役割の現代的意義を考える——」『組織科学』Vol.30 No.1, 白桃書房
通商産業省環境立地局編（1994）『企業における環境行動計画——環境に関するボランタリー・プラン策定状況中間とりまとめ——』日本工業新聞社
山田經三（1996）「環境問題の組織論的検討」『組織科学』Vol.30 No.1, 白桃書房

第5章
行政改革と公務員労働

はじめに

　1980年代以降，政府や行政の役割の根本的な見直しをともなう規制緩和や民営化が世界的な潮流となった。日本社会においても，行政改革あるいは行財政改革と呼ばれる一連の政策によってそれは進められている。この潮流のなかで，行政組織は現在大きく変化しつつある。

　それでは，行政組織に一体いかなる変化が生じているのか。そして，それはどのような背景から引き起こされたのか。さらに，そのような変化によって，公務員の労働にはどのような影響が及んでいるのだろうか。

　本章では，日本の行政組織を対象として，以上の課題について検討を行う。まず第1節では，近年の行政改革の動向を概観する。第2節では，規制緩和や民営化の潮流の背景と課題を明らかにする。そして第3節では，公務員の労働について，その変化の方向と現在生じている問題を提示する。

1. 行政改革の進行

(1) 規制緩和

　規制緩和が論じられるさいの「規制」とは，国や地方自治体による規制，すなわち「公的規制」のことである。公的規制とは，第2次行革審（臨時行政改革推進審議会）の「公的規制の緩和等に関する答申」によれば，「一般に，国や地方公共団体が企業・国民の活動に対して特定の政策目的の実現のために関与・介入するものを指す」（臨時行政改革推進審議会事務室，1988，p.5）とされ，しばしば公的規制が類型化され，どのような規制を緩和すべきかが論じられてきた。だが一般的には，規制緩和という言葉は，民間企業の活動に対する政府の規制を緩和するという程度の意味で用いられることが多い。

　1980年代に「内需拡大」政策のひとつの目玉として，「民間活力」による都市再開発が推進された。そのさいには，地方自治体がそれぞれの地域社会において都市計画上独自に設けていた要綱などの規制が，中央省庁の通達によって緩和された（五十嵐・小川，1993，pp.159～167）。

　1997年には，労働基準法におけるいわゆる「女子保護規定」の撤廃が国会で決定され，1999年4月から施行されることになった。この決定は，雇用・労働の分野における規制緩和の一環とされている。また，やはり1997年に国会で独占禁止法が改定され，持株会社が解禁となった。戦後一貫して禁止されてきた持株会社の解禁は，大きなニュースになった。

　政府は現在，規制緩和を「我が国経済社会の抜本的な構造改革を図っていくための第一の手段」（総務庁，1997a，p.1）と位置づけて，「規制緩和推進計画」を策定している。「女子保護規定」撤廃や持株会社解禁も，この計画に基づく政策のひとつである。

　現在，「官から民へ」のスローガンのもと，これまで政府のもっていた権限を「市場」に委ねるという形で，政府の役割の根本的な見直しが行われている。規制緩和は，その重要な手段としても位置づけられている。それと並行して，

行政組織の「スリム化」と「内閣機能の強化」をめざす「改革」も始まった。民営化や中央省庁改編などの動きがそれである。これらはこんにち，日本の行政改革の主要な柱とされている。

(2) 民営化

民営化という言葉は，多くの場合，公企業，すなわち「国又は自治体がその資本金を全額出資している国公有の企業」（西尾，1992，p.129）の経営主体を，より政府の関与が少ない形態に移行させることを意味している（田辺，1994）。したがって現実には，政府の関与のまったくない「民間企業」に転換することだけを意味しているわけではない。さらに民営化は，政府などの公的主体が行っていたサービスを，「それに対する指導監督の行政責任は自治体や政府に残されるにしても，（中略）完全に民間事業体の営利事業に切り換えてしまう」（阿部・大久保・寄本，1994，p.314）という意味でも用いられる。

近年展開された中央省庁再編の論議において賛否の分かれた論点のひとつは，国営事業である郵政三事業（郵便・郵便貯金・簡易保険）の民営化の是非だった。民営化を求める人びとは，郵便事業を民営化すると「効率化」されるということ，また，郵便貯金を財政投融資の財源とするのではなく，「市場」で運用する必要があるということなどを主張した。後者の主張は，特殊法人などに資金を供給する財政投融資制度および特殊法人そのものに対する批判でもある。これらの主張の当否はともかくとして，結局，当面は国営が維持されることになり，郵政事業庁を2001年につくり，2003年には郵政公社に移行することで一応の決着をみた。

行政改革会議による中央省庁再編の論議では，省庁の企画・立案の機能と実施・執行の機能を分離し，実施・執行機能については，できる限り外局化するか，あるいは独立行政法人とすることも決められた。独立行政法人とは，国の行政組織からは予算や人事，給与面で自立性をもつ組織で，その職員は国家公務員と国家公務員でないものの2種類がありえる。「独立行政法人化の対象と

しては，車検業務や国立美術館・博物館など約130の業務・組織があげられて」いる（「朝日新聞」1997年12月4日）。しかし，後で述べる外郭団体としての特殊法人と同じような問題が起きるのではないかとか，美術館など経済的「効率性」の尺度で論じられないものを独立行政法人化するのは問題だ，など批判も多い。

実際に民営化が行われた事例としては，1987年に行われた国鉄（日本国有鉄道）のＪＲ各社（旅客鉄道会社6社と日本貨物鉄道株式会社）への分割・民営化をあげることができる。そのさい，国鉄の抱えていた債務の大部分は国鉄清算事業団に引き継がれた。また，1985年には，電電公社（日本電信電話公社）がNTT（日本電信電話株式会社）に，日本専売公社はＪＴ（日本たばこ産業株式会社）に，それぞれ民営化されている。

(3) 民間委託

規制緩和や民営化の潮流のなかで，地方自治体においては業務の民間委託があらためて脚光を浴びている。

民間委託とは，自治体が住民に提供するさまざまなサービスについて，「公的な責任主体は依然自治体」だが，「実際の作業についてはその全部または一部を民間の個人，団体あるいは事業者等に委託する」（阿部・大久保・寄本，1994, p.314）ことである。外部委託という言葉も使われているが，同じ内容を表している。民営化の場合，すでに述べたように「完全に民間事業体の営利事業に切り換えてしまう」のに対し，民間委託の場合は，「事務事業に対する公的責任や費用負担は自治体側にある」（阿部・大久保・寄本，1994, p.314）。

1997年10月5日の「日本経済新聞」は，自治体の民間委託の状況に関して「日本経済新聞社と日経産業消費研究所が全国の市と東京23区を対象に実施した調査結果」を報じている。それによると，一部委託を含めて民間委託される比率が高い行政サービスとして，庁舎清掃，道路測量・現況図作成，入浴サービス，ホームヘルプサービスなどがあげられている。また，今後民間委託を「拡大できる分野として」「公権力行使を伴う事務事業以外すべて」と回答した

自治体もあったという。

　実際には，規制緩和や民営化が話題になる以前から，自治体ごとにさまざまな分野で業務の民間委託が行われてきた。しかし，1980年代以降，「地方行革」の論議が活発になり，「コスト削減」や「効率化」の観点から，民間委託の推進が盛んに論じられているのである。

　だが，民間委託による事業が自治体行政組織の直営よりも「コスト」が低いと決めつける主張の根拠には，重大な問題点があることがすでに指摘されている（宮崎，1997, pp.62〜69）。また民間委託は，「コスト削減」だけを求めて行われているのではなく，外部の専門的技術や知識の活用など，いろいろな理由から行われている。さらに，民間委託については，サービスの質の低下や，「民間労働者への労働条件上のしわ寄せ」「自治体の公的責任領域の一方的縮小」（阿部・大久保・寄本，1994, p.245）などを指摘する批判もある。民間委託が実際に推進論者の主張するような利点をもたらすかどうかについては，個々の事例を慎重に検討する必要がある。しかし，現実に民間委託がさまざまな分野で進行していることも事実である。

(4) 官公庁の組織改革

　規制緩和や民営化，民間委託の推進という「官」と「民」の役割分担の見直しとともに，行政組織自体の「スリム化」と「内閣機能の強化」も検討されている。そして，中央省庁再編は，規制緩和，「官民」の役割分担の見直し，地方分権とともに現在の行政改革の柱とされている（総務庁，1997a, p.175）。

　1997年，首相自らが会長を務める行政改革会議は中央省庁再編を提言した。その提言をもとに，現行の省庁を2001年に1府12省庁に再編する中央省庁改革基本法が1998年の通常国会で成立した。この法律には，中央省庁の再編だけにとどまらず，首相の閣議における発議権の明確化や内閣府の設置など「内閣機能の強化」のための施策も掲げられた。さらに，独立行政法人制の導入や国家公務員の定員削減なども盛り込まれている。

省庁再編の議論の過程は，各省庁の官僚や族議員の利害が錯綜する政治過程でもあった。中央省庁の仕事の見直しよりも省庁再編の議論が先行したため，今後も官僚の権限が温存されるのではないかという批判がある。また，国土交通省という巨大で「利権」が集中しかねない官庁ができることについても批判がある。しかし，いずれにせよ，今後中央省庁の組織は大きく変化することになる。

(5) 外郭団体の見直し

日本の中央省庁や自治体は，行政組織の外部のさまざまな団体を利用して活動を行ってきた。それらの団体の形態は，特殊法人，公益法人，認可法人，株式会社，人格なき社団など，多様である（阿部・大久保・寄本，1994，p.38）。これらの団体は，外郭団体と呼ばれている。中央省庁や地方自治体は，出資，補助金の交付，職員の出向などによって，財政的・人事的に多くの外郭団体を支えている。したがって，外郭団体は形式上行政から独立していても，実質的には行政と密接な関係にある。

外郭団体は広範囲にわたって多数存在し，事実上行政の多くの業務を担ってきた。人事面でも行政との結びつきは強い。外郭団体が設立する企業や団体も多数存在する。そのため，日本社会においては行政機関と「民間」との間の「境界は定かではな」い，とさえいわれている（新藤，1998，p.168）。

たとえば，特殊法人とは，政府と私企業の「境界領域」（松並，1994，pp.108～109）にあって，「公共性」と「企業性」の2つの要求を同時に満足させることをめざして，特別の法律に基づいてつくられる組織である。特殊法人は「高度経済成長期に，社会資本の整備，国民の福利厚生などの行政需要の増大に対応し，数多く設立された」（総務庁，1997b，p.105）。1997年度はじめの時点で，日本道路公団，住宅・都市整備公団，宇宙開発事業団，住宅金融公庫，帝都高速度交通営団，日本育英会など，特殊法人は全部で87法人ある。

これら外郭団体については，各省庁が「縄張り」を拡大するために多数設置

したので，主管の省庁が違っても似た目的をもった団体があり，無駄であるとか，役員ポストが事実上官僚の「天下り」先となっているとか，必要性や効率性を疑われる団体もあるとか，赤字に陥っている外郭団体も数多くあるとか，「民業」を圧迫しているものもあるとかなど，現在，さまざまな批判が寄せられている。

(6) 地方分権

　規制緩和や民営化など「官」と「民」との役割分担の再検討と同時に，「国から地方へ」というスローガンのもと，国と地方の役割分担の再検討も行われている。地方分権がそれである。

　地方分権の動向の詳細についてここで触れる余裕はないが，1995年に地方分権推進法が制定され，それに基づいて同年，地方分権推進委員会が設置されたことだけは指摘しておこう。地方分権推進委員会は1998年11月までに5次にわたって勧告を行っている。具体的には，「地方自治体と国の事務区分の整理」，とくに機関委任事務の廃止や，国が自治体に対し行政機関や施設の設置などを法令で義務づけている必置規制の緩和，補助金の「整理合理化」，国と自治体との間の紛争を解決する第三者機関としての「国地方係争処理委員会」の設置，米軍用地強制使用手続きの改定，「公共事業の見直し」とくに国直轄事業の縮減や補助事業における自治体の裁量権拡大などを勧告した。

　だが，地方自治体の権限の増加にともなう財源の確保に関しては，まだはっきりとした見通しが立っていない。現在のままだと，仕事はあるが金がないという状態になりかねない。また，「公共事業の見直し」が焦点となった第5次勧告については事業権限の自治体移管に「関係省庁や族議員」が強く「抵抗」したことなどから，「全体として国の幅広い権限が残る形となった」（「日本経済新聞」1998年11月19日）という批判もある。さらに，中央省庁再編によって，自治省は総務庁・郵政省とともに総務省に統合されることになったが，それによって，中央省庁のなかでこれまで自治省がまがりなりにも果たしてきた地方

自治体の擁護の機能が失われること、いいかえれば、「自治省が巨大官庁総務省の中に埋没することを強く警戒している」(「神奈川新聞」1998年6月10日) 自治体関係者も多い。

ともかく、地方分権の進行によって自治体も組織の充実強化を迫られることになる。たとえば神奈川県川崎市のように、行政内部に地方分権への対応を検討するための担当組織を置く自治体も現れている。しかし、多くの自治体は現在、目前の財政危機への対応に追われている。そのため、これからの地方自治体像を描く作業は、今後の課題となる。

2. 規制緩和と民営化の背後にあるもの
(1) 福祉国家への批判

1970年代に現れ、1980年代以降世界的な潮流となった規制緩和や民営化を求める主張は、政治的には福祉国家批判として始まった。

行政学者の西尾勝は、福祉国家を「① 生存権の保障を国家の責務として受け入れ、② 所得の再分配を国家の当然の権能と考え、③ 景気変動を調整するために市場経済に積極的に介入するようになった国家」(西尾、1993、pp. 5～6) と定義している。そのような福祉国家は第2次世界大戦後に西欧諸国で成立した。福祉国家の成立は、近代資本主義が引き起こしたさまざまな社会問題に対応するために政府の役割が拡大したことと深い関係がある。それにともない、行政官僚制は量的・質的に拡大した。その過程は行政が立法や司法に対する圧倒的な優位を確立していく過程でもあった。このような20世紀の国家は行政国家とも呼ばれる。

福祉国家は社会保障制度を整備し、ケインズ理論に基づく経済政策を実施した。これらは戦後の西欧諸国の経済成長を支えた重要な制度・政策だったと考えられている。

しかし1970年代、西欧諸国を経済不況が襲った。その結果、経済成長率は低下し、失業率と物価は上昇した。各国の政府は有効な解決策を示せずに、財政

赤字を深刻化させた。そのため，福祉国家にはこの時代の不況や失業，財政赤字などの問題を解決する能力がない，という主張が有力になった。政府の「非効率性」が非難され，民間企業や「市場」の「効率性」が強調された。そして規制緩和や民営化が経済活性化の切り札として位置づけられた。アメリカのレーガン政権やイギリスのサッチャー政権は，そのような政策を実施した代表的な例である。

日本の1980年代における規制緩和や民営化の流れも，基本的にはこの福祉国家批判という潮流のなかに位置づけることができる。ただし，当時の日本が福祉国家といえる状態にあったかどうかは，別の問題である。

日本の経済社会も，2度にわたる石油ショックを経た1970年代末期から80年代にかけて，財政赤字が政治問題化した。政府は法人税増税などによって対応を図ったが，財界は猛烈に反発した。そして，財界は「増税なき財政再建」を主張して政府を批判した。この主張に多くのマスコミも同調した。そのため，政府は歳出削減の姿勢を示さなければならなくなった。そこで，1981年3月に臨時行政調査会が設置された。この組織は，1960年代に設置された同名の組織と区別して第2臨調と呼ばれ，「増税なき財政再建」を基本方針として掲げて「行財政改革」に取り組み，具体的には歳出削減・抑制項目の選定，民営化，規制緩和，国と地方自治体の関係の見直し，行政の総合性の確保などを提言した。それに基づいて，国鉄，電電公社，専売公社の民営化などが行われた。

また，第2臨調を推進した人びとの多くには，高度経済成長期における行政の領域の拡大や，1970年代前半に一定程度整備が進んだ社会保障制度への危機意識があった。彼らは，今後の経済の低成長や高齢化の進行を見据えて，経済や財政に負担がかからないようにそれらの経費の抑制をはからねばならないと考えた。そのためには政府や行政の役割を見直す必要があった。

第2臨調は，「活力ある福祉社会の建設」を日本の行政がめざすべき目標のひとつとして掲げた。第2臨調は第3次答申で，そのような社会を建設することが「西欧型の高福祉，高負担による『大きな政府』への道を歩むものであっ

てはならない」(臨調・行革審OB会, 1987, p.170) と主張した。まさに福祉国家批判である。彼らによると,「活力ある福祉社会」とは, 何よりも「自立・互助, 民間の活力を基本」とする社会であった (臨調・行革審OB会, 1987, p.170)。

彼らの主張は, 人びとの政府観や行政観の転換を先導した。第2臨調は事実上, イデオロギー的な機能も担ったといえよう。

(2) 社会環境の変化と日本の行政への批判

1990年代, 行政をとりまく社会環境は急激に変化している。民営化や規制緩和をはじめとする, 第1節であげたような一連の政策は, 現在, たんなる財政赤字への対応にとどまらず, 社会変動に対応して日本の行政を再編成することをめざしている。

総務庁行政管理局で行政改革を担当する江澤岸生は, 行政をめぐる社会環境の変化とそれに対応するべき日本の行政が抱える問題を次の5つにまとめている (江澤, 1997)。

① 人口の急速な高齢化と少子化。日本社会の高齢化の進行は他国に比べてペースが非常に早い。また高齢化にともない社会保障の給付と負担の増加は必至である。
② 情報通信を中心とする世界的な産業構造の転換。
③ 企業が国を選ぶメガコンペティション時代, 大競争時代への突入。それによって, 日本の行政は, 否応なくアジアの, そして世界の国々の行政と, そのシステム, スタイルにおいて競争原理に晒される。
④ 日本の財政は国・地方合わせて500兆円という膨大な借金を抱え, 高齢化への対応や経済対策面での柔軟・機敏な対応が必要な場合でもそれができない, 硬直的・危機的な状況にある。
⑤ 薬害エイズ, 住専, 官官接待, もんじゅなどのことで, 日本の行政は国民の信頼を失墜している。

これらのうち, とりわけ②と③の認識は, 1990年代の現在, 世界各国で進行

している規制緩和などの政策に共通する背景である。しかし，⑤では，これまでの日本の行政のスタイルそのものが問題とされている。②や③の課題を乗り切るためには，日本の行政のスタイルを見直さなければならない，というのだ。

批判を受けている日本の行政のスタイルに，行政指導と呼ばれる日本の「行政上の仕組み・制度」(新藤，1992，p.43)がある。行政指導とは，「行政官庁が，必ずしも法令の根拠にもとづくことなく，その所管事務について業界や下級行政機関に対し，指導，助言，勧告などの手段により，一定の政策目的を達成しようとすること」(阿部・大久保・寄本，1994，p.63)である。近年しばしばニュースに登場した大蔵省と銀行業界との関係にみられるように，省庁と各種の業界団体の間では，法律に基づかないさまざまな行政指導や協議が行われてきた。行政側にとって，これは政策執行の重要な手段であり，情報入手の回路でもあった。また，業界側にとっても，それにしたがえば既存の企業が一定のシェアを安定的に確保できるなど，大きな利益があるものだった。

しかし，行政と業界の協議が密室で行われているとか，事実上の違法行為を勧める行政指導も行われてきたとか，既存の業界の秩序を前提としていて新たな参入者の登場を実質的に阻んでいるとかなど，行政指導は批判を浴びている。1980年代末期の日米構造協議の場でも，アメリカ政府が行政指導を批判した。それらの批判を背景に，行政手続法が1993年に制定されるなど(兼子，1994)，行政手続きの公正性および透明性の確保が課題となっている。

(3) 行政の将来像と規制緩和・民営化の問題点

規制緩和や民営化をはじめとする一連の政策によって，日本の行政は変化しつつある。この変化については，その遅さと不徹底さを批判する声がある一方，これまで社会的弱者を守るために設けられていた規制の緩和を危惧する声もある。つまり，行政改革と称していても，実は政治的な目標設定と切り離せない内容をもっているのであり，また，そのことが近年の行政改革の特徴でもある。

いずれにせよ，現在進行している行政の変化によって，市民社会内部におけ

る行政の位置づけも変化することになる。新たな行政像を描くことは，まだ今後の課題となっている。そのさいには，「民間企業」とは異なる「民間」にも目を向けなければならない。それは，たとえば「民間非営利団体」（NPO）と呼ばれる団体である。福祉や「まちづくり」，教育の分野などで実績を積んでいる団体も多い。NPOのような団体と行政がどのような関係を取り結ぶかということも，今後の課題になるはずである（東京都政策報道室，1996）。

なお，規制緩和や民営化が社会に与える効果について検証する余裕はないが，さまざまな美名のもとで行われる規制緩和や民営化が，特定の層の人びとに負の影響を及ぼすこともある点に注意を促しておきたい。

1998年4月22日の「朝日新聞」は，高い建物を建てられないはずの第一種低層住居専用地域内の傾斜地に，実質7階建てのマンションの建設計画がもちあがるなど，規制緩和によって低層住宅地にマンションの建設が相次ぎ，紛争が各地で起こっていることを伝えている。これは4年前の建築基準法の改定によって，住宅の地下室部分を容積率計算から外したことに帰因するという。「傾斜地では，地盤面の取り方次第で，建物の片側ほぼ全部が法律上『地下室』となる」ため，多くの「地下室」を持つマンションをつくれば，形式上違法ではなくなるのだ。

この場合，マンションの建設に携わる業者や不動産業者などはたしかに規制緩和の利益を享受するだろう。しかし，マンションが建設される地域の住民は生活環境の悪化など不利益を被ることになる。

3. 公務員労働はどこへ行く
(1) 人事管理の「改革」

現代社会における行政組織は，多くの人びとが雇用され働いている大きな職場でもある。『公務員白書』1998年版によれば，日本の公務員の人数は，国家公務員が約116万人（1997年度末の予算定員），地方公務員が約328万人（1996年4月1日現在の職員数。特別職のうち議員等の数は除かれている）で，合わせ

て約444万人である（人事院，1998a, p.350）。行政組織の変化は，そこで働く約444万人もの公務員の労働と生活に直接影響を与えるのだ。

現在進行している規制緩和や民営化などの一連の行政改革と「少子高齢化の進展，就業意識の多様化，雇用の流動化等」に対応するために，採用から人材育成，昇進管理，勤務形態，退職などに関して公務員人事管理の「改革」が検討されている。そのめざす基本的な方向は，公務員人事管理における「柔軟で開放的なシステム」（人事院，1998b）の形成である。

人事院と総務庁に設置された研究会が，この課題についてそれぞれすでに提言をまとめている（人事院，1998b. 総務庁人事局，1997）。それらの提言には，「多様な人材の確保，期間を定めた任用や中途採用の仕組みの整備，短時間勤務等の柔軟な任用形態の導入」「省庁を超えた人材移動の仕組みの整備の検討」「フレックスタイムや短時間勤務など勤務形態の弾力化等」「採用試験区分の位置づけ，在り方の見直し」「能力・業績の的確な評価及び昇進管理との結びつきの強化」「能力・業績を的確に反映した給与システムの検討」「官民の相互交流の推進」「専門職制度の確立（役割と位置づけの明確化及び処遇の整備）及び専門職の計画的養成」「年功重視型の給与体系の抜本的な見直し」（総務庁人事局，1997, p.39）などが掲げられている。

地方自治体においても公務員の人事管理の見直しの動きが広がっている。たとえば，東京都は1996年に，いわゆる「能力・業績主義的人事管理」を推進するための方策を検討した報告書をまとめている（東京都総務局，1996）。また，1997年10月19日の「日本経済新聞」によると，「日経産業消費研究所」が全国の全市と東京23区を対象に行った調査で，「民間企業に1ヵ月以上職員を研修・出向させる制度を設けている自治体は現在，75と全体の1割強」あり，「今後同制度の導入を検討している自治体は125自治体に」のぼることが明らかになった。

これらの公務員の人事管理制度の見直しが本格化すれば，公務員像も大きく変化していくことになるだろう。また，いわゆる「能力・業績主義的人事管理」

の導入・推進については，公務員の労働や職場の人間関係，行政サービスの供給などにどのような影響を及ぼすのか，今後検証が必要である。

(2) 公務従事者への影響

規制緩和・民営化の潮流は，公務に従事して働く人びとにどのような影響を与えているのだろうか。ここでは紙幅の都合上，民営化および民間委託の2つを例として取り上げて，それによって引き起こされているいくつかの問題を指摘することにしよう。

まず，民営化についてである。

民営化の可能性がある組織の職員の多くは，民営化によって労働条件が変化する可能性があることに何らかの不安をもって働いている。

郵政事業に従事する職員の労働組合の埼玉地区本部が1996年に組合員を対象に行ったアンケート調査によると（以下のデータは，全逓埼玉地区本部，1996, pp. 48～50からの引用），自分の仕事の将来について「強い不安感がある」または「多少不安感がある」回答者は，全体の81.5％に達する。その理由でもっとも多くあげられているのは，民営化の不安である。すなわち「郵政の仕事そのものが民営化されたり，縮小されるのではないか」を，69.7％があげている（複数回答）。ちなみに，不安の理由の2番目と3番目は，「仕事が肉体的，精神的にきつくなり，ついていけなくなるのではないか」(45.7％)，「職種転換，配置転換等で，今までの慣れた仕事が続けられなくなるのではないか」(43.6％)である。

実際，国鉄民営化のさいには，約30.7万人の職員のうち約9万人が「人員整理」された（立山，1989, p.97）。民営化という政策に対する賛否は別としても，国鉄職員の労働や人生設計に，民営化が大きな影響を及ぼしたことはまぎれもない事実である。

また，JR発足のさいに「国労組合員を中心に約7,600人の国鉄職員が希望しながらJRに採用されず，国鉄清算事業団に移った。このうち，地元JRへ

の採用を求めて事業団にとどまった1,047人が，1990年4月に解雇された」(「朝日新聞」1998年5月28日夕刊，「国労」とは国鉄労働組合の略称)。さらに，国労など民営化に批判的な労組の組合員が，配属替えされたり，管理職から組合脱退を迫られたり，出向させられたりする事件も多発した（立山，1989，pp. 131～135）。それらの事件の背景には，「国労解体という当時の政府・自民党の政治的意図」(「朝日新聞」1998年5月28日夕刊）があったといわれている。民営化の背後にそのような政治的意図が存在したとすれば，民営化推進勢力の政治的意図が多くの国鉄労働者の生活を左右したということになる。

もうひとつは，地方自治体における業務の民間委託の問題である。

すでに述べたように，地方自治体は数多くの業務を民間委託している。行政組織が直接公共サービスを供給するだけではなく，委託を受けた民間企業などが事実上公共サービスの供給を担っているのである。つまり，公共サービス供給の担い手が多様化している（今村，1997）。そしてそれによって，公共サービス供給に従事する「民間労働者」も増加している（小畑，1994）。

公共サービスに従事する「民間労働者」の労働条件については，さまざまな問題が指摘されている。たとえば，「市庁舎など公共施設の清掃や管理は，競争入札により決定されるため，極端な場合は毎年落札者が変わり，毎年雇用不安を抱えることも少なくない」「社協，公社のホームヘルパーは仕事は恒常的であるにもかかわらず，1年雇用の繰り返しが多く，安心して働くことができない」「『有償ボランティア』といわれる『ホームヘルパー』は雇用関係が不明確で，ケガの場合の保障がない場合が多い」「労働省の安全基準が守られないで，労災死に至る清掃労働者は後を絶たない」「賃金，一時金，退職金が自治体職員に準拠していないケースは枚挙にいとまがない」（小畑，1994，p.5）などである。これらの人びとの労働条件の改善は緊急の課題である。

また，公共サービスに従事する「民間労働者」の増加は，前述した公務員人事管理制度見直しの動向とともに，公務員像の再検討という課題を提起している。そして，公務員の担う仕事とは何なのか，「公共サービス」労働者のした

がうべき原則とは何か，などを整理し確認する作業が必要になるだろう。

4. まとめ

本章では，規制緩和や民営化の世界的な潮流が日本の行政組織に及ぼしている影響を検討した。その内容を以下にまとめておこう。

行政組織の変化の方向は，「官から民へ」および「国から地方へ」というスローガンに典型的に示されている。そして，これまで政府が果たしてきた機能の「市場」への移譲，中央政府から地方自治体への分権化，それにともなう中央省庁の再編などが進められようとしている。

近年の行政改革の特徴である規制緩和や民営化の潮流は，福祉国家への批判や財政赤字，産業構造の転換および世界規模の「大競争時代」への突入などの課題への対応としてとらえることができる。同時に日本の行政に関しては，公正性や透明性の確保などの観点からスタイルの見直しが課題になっている。

公務員の人事管理に関して，現在，従来の公務員像を大きく変えるかたちで「柔軟で開放的なシステム」をめざす「改革」が検討されている。他方，民営化や民間委託の推進によって，労働や生活に大きな影響が及ぶ公務員や，問題の多い労働条件のもとで働く「民間労働者」が生み出されている。

第2節で述べたように，規制緩和などの政策は，特定の層の人びとに負の影響を及ぼす可能性もある。その点を踏まえたうえで，市民社会における行政の役割をどう位置づけるか。新たな行政像の構築は，今後の課題となっている。

引用・参考文献

阿部斉・大久保皓生・寄本勝美編著（1994）『地方自治の現代用語（全訂新版）』学陽書房

江澤岸生（1997）「21世紀のニッポンに向けた行政改革」『月刊政府資料』No.276, p.1, 政府資料等普及調査会

五十嵐敬喜・小川明雄（1993）『都市計画 利権の構図を超えて』岩波書店

今村都南雄編著（1997）『公共サービスと民間委託』敬文堂

人事院（1998a）『公務員白書（平成10年版）』大蔵省印刷局
人事院（1998b）『公務員人事管理の改革——柔軟で開放的なシステムを目指して——』大蔵省印刷局
兼子　仁（1994）『行政手続法』岩波書店
松並　潤（1994）「国家と社会の境界領域の諸問題」西尾勝・村松岐夫編『講座行政学第5巻　業務の執行』有斐閣，pp. 107〜141
宮崎伸光（1997）「公共サービスの民間委託」今村都南雄編著『公共サービスと民間委託』pp. 47〜86
西尾　勝（1992）『行政の活動』放送大学教育振興会
西尾　勝（1993）『行政学』有斐閣
小畑精武（1994）「自治体公共民間労働者の組織化について」『労働調査』1994年12月，労働調査協議会，pp. 4〜11
臨時行政改革推進審議会事務室監修（1988）『規制緩和——新行革審提言——』ぎょうせい
臨調・行革審OB会（1987）『臨調　行革審——行政改革2000日の記録——』行政管理センター
新藤宗幸（1992）『行政指導』岩波書店
新藤宗幸（1998）『行政ってなんだろう』岩波書店
総務庁（1997a）『規制緩和白書（97年版）』大蔵省印刷局
総務庁（1997b）『行政管理・総合調整白書』（総務庁年次報告書　平成9年版）大蔵省印刷局
総務庁人事局編（1997）『公務員制度改革への提言』大蔵省印刷局
田辺国昭（1994）「民営化・民間委託・規制緩和」西尾勝・村松岐夫編『講座行政学第5巻　業務の執行』有斐閣，pp. 71〜105
立山　学（1989）『JRの光と影』岩波書店
東京都政策報道室調査部（1996）『行政と民間非営利団体（NPO）——東京のNPOをめぐって——』東京都政策報道室
東京都総務局（1996）『東京都における能力と業績に応じた人事管理と人材育成』東京都総務局
全逓埼玉地区本部（1996）「組合員意識調査報告」『労働調査』1996年7月，労働調査協議会，pp.41〜61

第Ⅱ部　変わる組織と個人の働き方

第6章
雇用環境の変化と中高年の職業人生

はじめに

　「バブル経済」崩壊以降の長期不況の過程で，失業率が上昇の一途をたどって過去最高の値（1999年6月4.9％）を記録したのは，周知のとおりである。それとともに，各種の調査データ（日本銀行「全国企業短期経済観測調査」，労働省「労働経済動向調査」など）で，「過剰雇用」や「企業内失業」の増大が指摘され，中高年層の「リストラ」をめぐる報道は毎日のように行われている。こうした状況のもとで，企業の雇用慣行の見直しにともない，勤労者の働き方，職業人生設計にも変更が求められてきている。

　本章では，産業社会と企業経営の構造変動のもとでの中高年勤労者の仕事，処遇，キャリアについて，以下の論点に従って検討していく。第1に，中高年勤労者をとりまく社会経済環境と企業組織，雇用慣行の変容がもつ意味を検討したうえで，第2に，個人（勤労者）の視点からキャリア，働き方の変化を考察する。そして第3に，近年の新しい動向や事例を参照することによって，中高年期の職業人生と働き方を再構成するための視点と方策を検討することにしたい。

　なお，本章で中高年勤労者という場合，男性の雇用者（いわゆるサラリーマン）で，40歳台～60歳台前半の年齢層，すなわち職業人生の中盤から後半期の人たちを対象としている。

1. 中高年勤労者をとりまく環境と組織の変化

(1) 社会経済環境の変動と「中高年問題」

こんにちの「中高年問題」を生み出した構造的要因を理解するためには，1970年代以降の社会経済環境の変動をとらえる必要があろう。本章のテーマとの関連でみれば，次の4点が指摘できる。

第1に，国際的な政治情勢の影響のもとに，1973年の石油ショックを契機として高度経済成長が終焉をむかえ，安定成長さらには低成長へと移行した。これにともない，大企業を中心とする雇用調整や「減量経営」の断行，省エネルギーやコスト削減の取り組みが進められてきた。

第2に，技術革新や情報化の進展があげられる。これは，生産現場においては，既存の熟練技能とそれに基づく職場の秩序を解体・再編成する方向に作用しており，事務管理部門でも，情報処理や意思決定のあり方を変え，組織構造の変容をうながす可能性をもっている。

第3は，産業活動のグローバル化や円高の進行があげられる。とくに，1980年代末のソ連・東欧圏の崩壊で，世界的な「大競争時代（Mega-competition Age）」が到来して，わが国でも「価格破壊」や「規制緩和」を求める声が高まり，生産の海外移転も活発化してきた。

以上のような環境変化によって，高度成長期のような大量生産・大量消費型の持続的発展にブレーキがかかり，脱工業化やソフト化・サービス化と表現される産業構造の転換が加速されてきた。企業組織は，社会経済情勢や市場動向の変化にすばやく適応するために，よりフレキシブルで低コストの経営活動や組織編成，人材開発を要請されようになっている。

第4には，高齢化が進行する労働力構成のなかで，以上のような環境変動に対応しなければならないということが重要な論点になっている。わが国の人口高齢化は，1970年に老年人口（65歳以上）の比率が7％を超えたころから急速に進み，98年には16.2％に達している。個別企業においては，高度経済成長の

終焉によって新規採用を抑制したことで，若年層中心の従業員構成がくずれ，後にふれる定年延長（おもに60歳定年の導入）によって中高年層の肥大化がいっそう進展することになった。とくに，第1次ベビーブーム世代（いわゆる団塊の世代）が50代に入ったこんにち，中高年層の処遇と活用は，企業組織の活性化にかかわる課題といっても過言ではない。

この点は，氏原正治郎によれば，次のように整理できる。すなわち，需要構造の変動にともなう国内の資源配分（とくに労働者の配分）の変更に対応するさいのネックは労働力人口の中高年化であり，それは，構造変化に対して労働供給が適応する柔軟性が減少することを意味する。つまり，中高年層は「長年の職業経験を積んだ特殊化した労働者」で，職業間・地域間の移動コストが大きいことから，環境変動への適応力という点で低い評価しか与えられない（氏原，1989，p.179）。この点に，こんにちの企業における「中高年問題」のひとつの要点が示されていると思われる。

(2) 企業組織と雇用慣行の揺らぎ

それでは，企業にとって高齢化問題がどのように認識され，雇用慣行や人事処遇の政策にいかなる変化がもたらされてきたかについて，調査データを参照しながら考えてみよう。

1）企業経営にとっての高齢化問題

企業経営にとっての高齢化問題は，高度経済成長がストップした1970年代なかごろから意識されてきたが，80年代に入ってからより本格的に検討されるようになった。

1993年の「雇用管理調査」（労働省）によると，雇用管理上の問題点について，5,000人以上の大企業では「中高年ホワイトカラーの配置および処遇」（61.8％）がもっとも多く，以下，「労働時間短縮のための組織・要員の見直し等」（52.8％），「団塊の世代の処遇」（28.4％），「中高年現業職員の配置及び処遇」（24.5％）があげられている。一方，100〜299人の中小規模の企業のデータをみ

ると,「技術者の不足・採用難」(53.8%),「労働時間短縮のための組織・要員の見直し等」(46.9%),「若年社員の帰属意識・モラールの変化」(44.4%)についで, 4番目に「中高年現業職員の配置および処遇」(34.6%)があげられている。

　この結果からは,高齢化問題といっても,その内容には性格の違いがあり,大企業の方でより大きな問題となっていることがうかがえる。そして,中小規模の企業にとっては,基本的にブルーカラーの問題とみられているのに対し,大企業にとっては,ホワイトカラーもしくは団塊の世代の処遇問題として認識されている。この相違は,中小企業と大企業の事業内容や従業員構成のちがいを反映しているとともに,大企業に典型的に形成されてきた,いわゆる日本型雇用慣行における人事処遇やキャリア形成から起因すると考えられる。

　2）日本型雇用慣行の揺らぎ

　企業における高齢化問題への認識の高まりは,1960年代後半からの「能力主義管理」の導入の流れとあいまって,日本型雇用慣行と総称される雇用や処遇の方式に変更を迫るようになった。かつて大企業の正規従業員を中心に適用されてきた終身雇用(より正確には長期安定雇用),年功序列,手厚い福利厚生は,ひとまとまりの体系化された制度として機能してきたが,いまや抜本的な再構築を余儀なくされつつあるという論調が高まっている。

　1996年の「雇用管理調査」(労働省)を参照すると,これからの人事・労務管理の方針については,「終身雇用を重視する」18.9%に対して,「終身雇用にこだわらない」50.5%,「どちらともいえない」29.0%という結果になった。また,「主として年功序列主義を重視」は3.6%と少なく,「主として能力主義を重視」48.4%,「両者の折衷」41.7%が多くを占めた。このデータだけでなく,最近行われた調査の多くが終身雇用慣行の動揺,能力主義の重視・徹底を予想させる傾向を明らかに示している。

　終身雇用や年功序列制についてはさまざまな議論があるが,それらは,実態としては官公庁や大企業の男子正社員にみられた慣行以上のものではなく,よ

り正確には企業労使に共有されてきた理念的存在というべきものである。そして，その理念は，経営者にも従業員にもたいへん尊重すべきものとみなされ，「たんなる相互期待以上の拘束力」（間，1997, p.202）をもってきた。また，長期勤続者が少ない中小企業においても，見習いたいモデルとして強い影響力を保ってきた。ところが，1973年の石油ショック以降，何度かの不況と雇用調整の経験をへて，日本型雇用慣行を維持しようとする規範がかなり揺れ動いているようだ。

この結果，勤労者個人，とくに中高年層にとっては，所属する企業との長期的関係を前提に自分のキャリアと人生設計を描いてきたのが，職業人生の後半期にいたって，意図せざるキャリアの見直しに直面することが多くなっている。

3）企業組織の変容

変化の波は，雇用慣行だけでなく，企業組織のあり方にも及んできている。ふたたび「雇用管理調査」（労働省，1993）を参照すると，今後の組織編成の方針について，「従来どおりピラミッド型の組織を維持」と回答した企業は全体の3分の1（34.3%）にとどまり，「部課の統合等，組織の簡素化」（34.1%），「プロジェクトチーム，社内ベンチャーなどの横断的集団作り」（24.1%），「事業部制の導入又は拡充・整備」（24.1%）といった，多様な組織改革の取り組みがあげられている。とくに，5,000人以上の大企業では「従来どおりピラミッド型の組織を維持」は9.9%と少なく，「部課の統合等，組織の簡素化」（72.5%）が目立っている。

従来の日本企業の組織は，しばしば「ピラミッド型」と表現されるように何段階もの階層序列によって構成されており，稟議制度のようなボトムアップのしくみも活用しながら，上意下達の指揮命令に従って組織運営を行ってきた。ところが，組織の大規模化にともなって多層化，複雑化が進み，意思決定の遅れ，コミュニケーションの阻害などいろいろな弊害の発生が指摘されるようになった。このため，セクションを整理統合したり，階層をより少なくして下部に権限を委譲するなど，「簡素化・フラット化」あるいは「動態化」といわれ

る改革が盛んに行われるようになっている。

　このような「ピラミッド型」組織を変革する動きは，何を意味するのだろうか。従来の日本型雇用慣行では，学歴と年功（勤続年数）に基づく人事制度のもとで，未成熟な勤労者として従業員を採用し，どの職種にも専念しない「ゼネラリスト」として育成・活用しながら，企業内の職位への昇進を画一的に動機づけてきたとされる（津田，1993，pp.49～51）。従業員にとっても，管理職のポストについて権限をふるうことが，職業人生のなかで最大の目標であり，勤労意欲の源泉であると考えられてきた。ところが，近年の変化は，能力主義の徹底によって昇進に大きな格差をつけたり，ときにはポストをあきらめざるを得ない状況を生み出している。さらには，役職ポストそのものが企業組織から消滅（もしくは希少化）することも現実に起こっている。

　こうした動きもまた，企業内における中高年従業員，とりわけ中間管理職層の立場をおびやかし，従来のような役職昇進中心のキャリア形成に変更を迫るものとなる。

2. 企業の人事政策と勤労者の意識変化
(1) 企業の人事政策と定年制の形骸化

　それでは，高齢化問題の深まりのなかで，企業はどのような人事政策を展開してきたのか。ここで，ホワイトカラー系社員のキャリア・コースに影響する人事諸制度の導入状況を時期別に調べた，高年齢者雇用開発協会の調査結果（上場企業498社の回答による）を参照してみたい。

　図表6-1から，次の点を読みとることができる。

　第1に，昭和50年代から現在（調査時点は1991＝平成3年）までに8割ほどの企業が「60歳定年」を導入し，「65歳定年」についても約1割が，今後5年以内の導入を考えている。

　第2に，定年延長が進む一方で，相当数（およそ4～5割強）の企業が「定年前社員の関連会社出向」「早期退職優遇制度」「管理職定年・年期制度」とい

った，中高年の早期転進や社外排出をはかる政策をとってきた。

　第3に，徐々にではあるが，「ベテラン社員を管理職／専門職に分けていく制度」「転勤のない社員枠（勤務地限定制・地域社員）の設定」といった，複線型の人事処遇制度が導入されつつあり，同時に「社内公募制度」のような，従業員の自発性や自主選択を尊重する方式も登場してきた。これらは近い将来に拡大することが予想される。

　第4に，「エリート社員の早期選抜・集中育成」「大量の抜擢人事・同期管理の大幅後退」といった，昇進処遇上の格差の拡大や人事管理の個別化につながる政策が，近い将来に拡大していくことが推察される。

図表 6-1　ホワイトカラー系社員のキャリア・コースに影響する人事諸制度の導入

人事諸制度の内容 \ 導入の時期	昭和40年代以前から	昭和50年代	昭和60年代から現在まで	今後5年以内に導入	21世紀の課題
60歳定年	13.5	35.9	41.4	6.8	0.2
65歳定年	0.0	0.0	0.2	10.2	74.5
定年前社員の関連会社出向	15.9	21.7	17.3	7.4	20.3
早期退職優遇制度	3.6	20.9	20.9	12.2	26.1
管理職定年・年期制度	3.4	16.1	19.3	14.9	30.9
転勤のない社員枠(勤務地限定制・地域社員)の設定	3.8	2.4	12.7	26.5	32.1
ベテラン社員を管理職／専門職に分けていく制度	5.4	15.7	16.3	26.7	18.9
社内公募人事	1.6	4.0	15.9	22.7	36.7
エリート社員の早期選抜・集中育成	4.0	4.2	7.0	23.7	36.5
大量の選抜人事・同期管理の大幅後退	0.8	3.0	7.4	20.3	40.8
高年齢社員へのキャリアガイダンス研修	1.0	2.4	12.2	36.1	28.7
中堅社員へのキャリアガイダンス研修	2.8	5.6	9.4	31.9	30.3

注）佐野陽子・川喜多喬他『多層化するホワイトカラーのキャリア』財団法人高年齢者雇用開発協会，1993年，p.28から作成

第5に，人事処遇の複線化・個別化や格差拡大が進みつつある一方で，「高年齢社員へのキャリアガイダンス研修」「中堅社員へのキャリアガイダンス研修」について，3〜4割ほどの企業が今後5年以内の導入を考えている。ここから，キャリア形成の変化に対応して個人に働きかける試み（意識改革，アドバイスなど）が注目されていることがうかがえる。

　行政レベルの動きをみると，60歳への定年延長がかなり普及してきたことを背景に，1994年の高年齢者雇用安定法の改正で，60歳定年の義務化が定められた。さらに，97年の労働省の研究会では，「65歳現役社会の政策ビジョン」の提言も出されている。しかし，稲上毅によれば，1980年代以降の定年延長効果について，現業職では実質的な雇用機会の延長になったが，ホワイトカラーではむしろ定年制の形骸化をまねいたことが指摘されている。つまり，退職出向，早期退職優遇制度，役職定年制など，定年前の移動・処遇変更にかかわる諸制度がいっそう普及して，「定年延長の『負担』を軽くするため，定年に先立って高年労働者を社外へ放出する試みに拍車がかかった」という（島田・稲上編著，1993，pp.44〜58）。

　労働省の「日本的雇用制度アンケート調査」（1994年，従業員数1,147人以上の企業515社の回答による）では，中高年の大卒ホワイトカラーに過剰感がある企業にその対策をたずねている。それによると，余剰人員全体を100％とすると，「定年等の自然減」が適用される人が31.1％，「企業内に抱えておく」が20.9％に対し，「グループ内の企業に出向・転籍」24.8％，「早期退職優遇制度を拡充」9.3％，「グループ外の企業に出向・転籍」8.5％，「独立・転職のための支援」3.5％となった。この結果によれば，中高年のなかで余剰人員とみなされる層に対して，厳密な意味での雇用維持が適用されるのは約半数で，その他は，企業グループ内移動がほぼ4分の1，企業グループ外への転出や独立が2割強という構成になることがうかがえる。しかも，最近の雇用情勢の悪化によってアウトプレースメント（おもに中高年を対象とした，系列外企業への出向や再就職の支援）が活発化していることを考えると，雇用の維持はいっそう困難になっ

てきているといわざるを得ない。

　このような定年前後の雇用管理の多様化・弾力化というべき動きは，勤労者にとってどのような意味をもつのだろうか。いわゆるサラリーマンの職業人生を考えたときに，定年はその終着点であり，そこに向かって職業生活を組み立てていくゴールとして機能していたといえよう。ところが，先にみた変化は，定年という目標地点の位置づけをかなり曖昧なものにしており，職業人生の見通しに関して不確実性や不透明感が高まってきたのである。

(2)　キャリア形成をめぐる勤労者意識の変化

　一方，勤労者の意識にも，様変わりともいえるような傾向が見出される。これまで日本の勤労者（とくに大企業の従業員）には，一社への長期勤続志向や役職昇進志向がきわめて強いことが定説のように語られてきたが，次にみるデータからはそれとはかけ離れた様子が浮かびあがってくる。

　まず，転職への意向をみた図表6－2によれば，ここ10年近く（1987年から95年）のあいだに，「自分の能力や適性が発揮できるならば，転職してもよい」（年齢計42.3%→63.4%）という回答が大幅に増加し，「多少の不満があっても，1つの会社や職場でできるだけ長く働くのがよい」（52.6%→31.4%）をかなり上回るようになった。年齢別にみても，20代，30代だけにとどまらず，40代，50代でも「自分の能力や適性が発揮できるならば，転職してもよい」がおよそ6割を占めている。

　次に，キャリアへの意向をみた図表6－3によれば，男性全体では，管理職志向（指揮命令権限を有した単位組織の長をめざす）と専門職志向（指揮命令権限はないが専門能力を生かし，その分野のプロをめざす）がほぼ拮抗しているが，40代以上の層では専門職志向の方が多くを占めるようになる。とくに，50歳以上では6割を超えている。

　他の調査結果でも，必ずしも管理職の地位にこだわらず，専門性や能力の発揮を重視する声は意外なほど多く，それも最近に限ったことではない。機械振

興協会経済研究所の「ホワイトカラーの年齢と働く意識に関する調査研究」（1979年，調査対象は大企業のホワイトカラー1,080人）によれば，仕事において重視する要素として，①自分の能力や手腕を十分に発揮できること，②能力や業績が正当に評価されること，③自分で何かをやったという達成感が得られること，④自分の能力を向上させる機会や学ぶ機会があること，⑤よい人間関係のもとで暖かい雰囲気で仕事できること，が上位にあげられている。高い給料，高い地位や上位の仕事への昇進といった項目はさほど重視されていなかった（松山他，1982, pp.6〜9）。

それでは，これまでホワイトカラーにおける役職昇進志向の強さが広くいわれてきたのはなぜだろうか。それについては，管理職ポストに仕事上の権限と

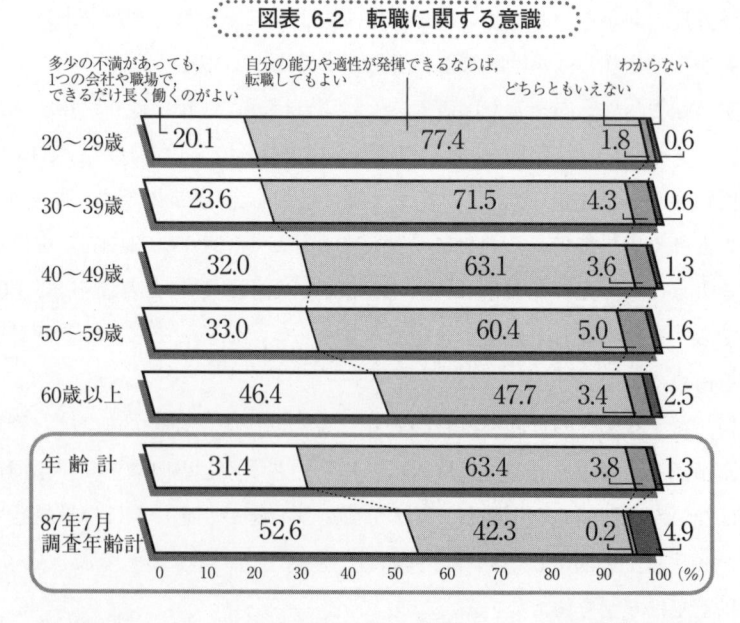

図表 6-2 転職に関する意識

	多少の不満があっても，1つの会社や職場で，できるだけ長く働くのがよい	自分の能力や適性が発揮できるならば，転職してもよい	どちらともいえない	わからない
20〜29歳	20.1	77.4	1.8	0.6
30〜39歳	23.6	71.5	4.3	0.6
40〜49歳	32.0	63.1	3.6	1.3
50〜59歳	33.0	60.4	5.0	1.6
60歳以上	46.4	47.7	3.4	2.5
年齢計	31.4	63.4	3.8	1.3
87年7月調査年齢計	52.6	42.3	0.2	4.9

注）「わからない」は，1987年7月調査では，「その他」となっている。有職者の調査結果である。
出所）総理府「今後の新しい働き方に関する世論調査」1995年10月

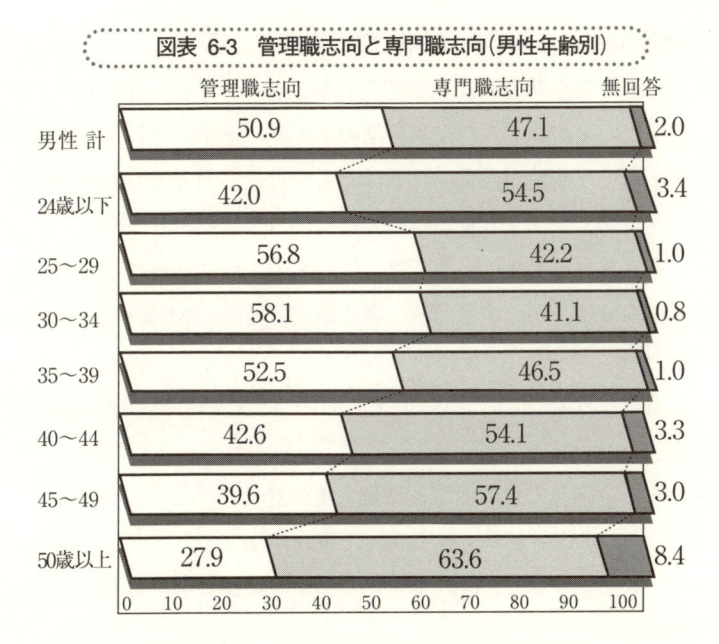

図表 6-3 管理職志向と専門職志向(男性年齢別)

	管理職志向	専門職志向	無回答
男性 計	50.9	47.1	2.0
24歳以下	42.0	54.5	3.4
25〜29	56.8	42.2	1.0
30〜34	58.1	41.1	0.8
35〜39	52.5	46.5	1.0
40〜44	42.6	54.1	3.3
45〜49	39.6	57.4	3.0
50歳以上	27.9	63.6	8.4

注)　財団法人連合総合生活開発研究所『新しい働き方の創造をめざして』1995年,pp.179〜180から作成

責任が付随していたことと，管理職ポストが組織内のステイタスの表象として機能してきた，という2つの理由が考えられる（西田, 1997, pp.6〜26）。つまり，前者の論点は，管理職につかなければ，権限と責任をもって自分の能力や手腕を発揮することができない（その結果，達成感も得られない）ことを意味している。また，後者の論点は，管理職に就くことが組織への長年の貢献の結果であり，能力や業績が正当に評価されたことをあらわしている。

とすれば，転職の肯定や専門職志向を示すさきの調査結果は，能力発揮の機会，正当な評価，達成感などが得られれば，役職昇進とは異なる形——いわゆる専門職，専任職，担当職等々——でも納得することができるという中高年層の意識を表わしていると考えられよう。この点については，次の節で，中高年ホワイトカラーの転職事例を通じて具体的に検討してみたい。

3. 中高年期における職業人生再構成の視点と方策

　以上のように，中高年勤労者にとって，企業組織の再編成と日本型雇用慣行の動揺は，従来思いえがいてきた役職昇進のチャンスを希少化し，キャリア形成の見直しをまねく可能性が大きい。とはいえ，近年，勤労者の意識は能力や適性の発揮，プロフェッショナル志向の方に向かってきており，職業人生後半期の働き方を考えなおす素地はかなり整いつつあるように思われる。

　以下では，おもに筆者がたずさわった調査研究（労働省能力開発局・財団法人労働問題リサーチセンター，1997）に基づきながら，中高年期の職業人生を再構成するための視点と方策について，できるだけ具体的に検討したい。

(1) 事例にみる中高年の意識変容と職業人生設計

　ある総合商社系列の人材斡旋会社で扱った中高年ホワイトカラーの再就職・定着事例のケース記録をもとに，大企業から転出した24名（事務系8名，技術系16名）の状況をみてみよう。

　リストラクチャリング（組織の変更・縮小，人員削減など），役職定年，社内処遇の限界などでキャリアの再設計を迫られた，中高年の転出動機のタイプをみると，2つの特徴を見出すことができる。

　第1は，「能力の発揮」を重視したタイプである。このタイプの人たちは，「第2の仕事に挑戦」，「打ちこめる仕事をもとめて前向きのチャレンジ」，「自分の専門職としての適性を知り，みずから転出先を開拓」などのように，出身企業での処遇やポストにこだわるよりも，自分の能力をいかせる仕事について職業人生後半期をまっとうしたいという思いで転出をはかっている。第2は，「生活設計」や「家庭事情」を重視して転出をはかったタイプである。「定年後を考え，子どものいる地域に落ちつきたいと考えた」，「家庭の事情（母の入院）からUターンを希望」，「将来は出身地に帰りたいという意向をいだいていた」のように，これらのケースでは，定年後の生活や家族との関係が大切な要素と

して考慮されており，職業人生後半期の多様な自己実現の姿を示すものととらえられる。

これらの事例をみると，「能力の発揮」を第1に考えるか，「生活設計」や「家庭事情」を重視するかを軸におきつつ，自律的に職業人生後半期の働き方を選択した結果として，再就職・定着に成功している点が印象的である。そして，ここからは，職業人生設計を会社まかせにせず，自分にあったキャリア・プランを描くことが大切であるという示唆が浮かびあがってくる。

(2) 再就職に成功した中高年のキャリア形成の特徴

次に，再就職に成功した中高年ホワイトカラー本人へのインタビュー結果に基づいて，彼らのキャリア開発が成功裡に進むうえでどのような経験や能力，姿勢が役立っているのかを検討してみる。以下にとりあげるのは，事務系，技術系それぞれのケースである。

A氏の場合　　事務系（営業，経理，総務など）

A氏は，大学（法学部）卒業後，機械メーカーに入り，20代から30代はじめに営業を経験して，経理の知識や経営改善の勘どころを学ぶ機会を得たり，30代前半に営業所の内勤責任者として，総務・人事など全般的な管理の経験をもった。これらの経験が，A氏の職業的能力の基盤を形づくっている。その後，勤務先の会社が業績不振におちいるが，経営再建の業務にたずさわるなかで，管理部秘書課長，経理部資金課長という重要な仕事をまかされて，財務の実務知識も身につけていった。そして，55歳の選択定年を機に自分の意思で退職して，第二の職場に活路をもとめることになり，中小の事務用品メーカーに再就職した。

現在は，社長室長という管理部門の統括的な仕事についている。A氏は，自分の判断で「この会社には何が足らないか」「どこを整備する必要があるか」を考えながら，諸規定の整備，株主総会の準備などを社長に提案して，実行に移しているという。

B氏の場合　　技術系（電気，機械，品質管理など）

B氏は，大手鉄鋼メーカーに入り，大学時代の専攻である電気から出発して，建物・設備の設置および管理，安全衛生，資材調達，新製品開発のコーディネートなど，技術系としてはかなり多彩な仕事にたずさわった。電気専攻のB氏は社内で傍流の位置にあったが，結果的に幅ひろい実務能力を身につけることになった。その

後，51歳のとき，担当していた仕事が一段落したことを機に，「もうひと仕事をやりたい」という思いでみずから転職を決意し，中小の専門機器メーカーへ移った。現在は取締役技術部長として活躍している。

　B氏によれば，いろいろな仕事をしてきたなかでも，安全衛生課長として工場のマネジメントや人の管理・教育を経験したことと，ＴＱＣ活動のとりまとめを担当して，品質管理の技術やノウハウ，小集団の運営のしかたなどを学んだことが，とくに役立ったと語っている。たとえば，「その会社のどこをどのようにみて問題点を発見するか」「問題点の内容をどのような形で整理するか」「どのような着眼点で改善案を提示するか」といったＴＱＣの基本的ノウハウをふまえて，工場現場の業務改善に取り組んでいったという。

　以上のケースをみると，2人とも会社からの人事異動や配置に応じて多彩な仕事に従事してきたが，そのなかで，与えられた仕事を漫然とこなすのではなく，みずから職業的能力の習得や深耕につながるような働き方をしてきたことが印象的である。そして，結果的に，若いときの実務経験をベースに自分のコア・スキル（中核的技能）というべき得意分野を築き，管理的地位についてからも職業的能力の幅を広げ，応用力を養っていったことに注目しておきたい。

　けっして計画的なキャリア設計があったわけではなく，エリート・コースを歩んだのでもないが，与えられた仕事や役割にかかわるさいの問題意識の持ち方や課題設定のしかたが，有意義な経験，職業的能力の蓄積と活用を可能にしたといえる。また，これらのケースからは，事務系でも技術系でも，＜現状分析→問題設定→問題解決＞という改善活動の職業的能力や実践能力をそなえていることが，職場のちがいを越えた能力の発揮を可能にしており，いわば「移転可能なスキル」（transferable skill）になると考えられる。これは，管理職，専門職のいかんにかかわらず重視しておきたい論点である。

(3) 新しい職務・役割の開発とキャリア形成をめぐる課題

　これまでは中高年個人の立場を中心にみてきたが，企業組織にとっては，中高年の多様なキャリア形成を可能とする職務や役割の開発が大きな課題であろう。この点については，「職務再設計」（job redesign）の考え方が参考になる。

長町三生によれば，中高年齢者を活用するための職務再設計とは，「彼らの低下した機能を他の機器や設備や治工具で置き換え」たり，「工程や生産システムの変更や，場合によっては商品の設計変更などによって彼らの負担を軽減」し，「彼らがもっている経験的判断力や能力を活用するように，仕事を再設計すること」（長町，1986，p. 113）であると規定されている。

　この手法は，職務分析，従業員調査に基づいて作業の方法・手順・姿勢などを全面的に見直すもので，従来はおもにブルーカラー職種で効果を発揮してきた。一方，ホワイトカラーでは仕事の専門分野が限定されにくく，職業的能力の内容が不明確であるといった観念が強く，職務再設計や適職開発の取り組みはかなり立ち遅れていたが，次のような特筆すべき試みも出てきている。たとえば，総合商社Ｉ社では，「経理研修制度」という一種のジョブ・ローテーション（職務交替）を設けている。これは，40代後半の従業員（おもに営業職）のなかから20人単位で会社が選抜し，経理部門へ異動させて，1年間かけて実務能力を身につけさせ，そのあとで関連会社の経理部門へ異動するというものである。

　また，信用金庫Ｃ社では，金融業界の競争激化に対応するため支店長クラスの「若返り」人事を進めてきたが，その結果，支店長を退いた中高年層が数多く発生し，彼らの活用方法を開発することが必要になった。そこで同社は，支店長経験者を「専任職」と位置づけて，支店長と組ませて支店の経営管理にたずさわらせ，支店長の目が行きとどかない仕事領域（たとえば，支店内の業務管理と従業員の指導育成，地域のなじみ客のフォロー）をカバーするようにしている。

　以上のような工夫によって中高年者の経験や職業的能力を活用する方策は，従来の役職昇進型のキャリア・イメージを転換するうえで大きな効果をもつものであろう。

(4) 自律的キャリア開発をサポートするしくみづくり

昇進処遇の複線化，キャリア形成の多様化とならんで重要なことは，勤労者自身がそれぞれの職業人生や働き方を考えて，キャリア目標を設定し，能力開発に取り組めるような機会を整備することである。ここでは，キャリア・ディベロップメント・プログラム（CDP），人生設計教育，キャリア・ガイダンス研修などの取り組みが活発化していることに注目しよう。

これを示す事例として石油元売会社M社におけるCDPとキャリア・カウンセリングをみてみよう。

M社では，「安定した雇用の中で，異動や昇進の人事・キャリア開発を進め，組織の都合と個人の欲求の"マッチング"を最大限実現しようとする」ことをめざしてきた（横山，1993，p.46）。こうした同社の基本方針を具体化したしくみが独自のCDPであり，それは，以下の3つのサブ・システムによって推進されている。

まず，キャリア開発ワークショップ（CDW）は，「キャリアプランニングの自己設定のためのワークショップ」であり，「一人ひとりの意識革新ないしは，自己認知の向上による，社員の精神的自立の強化・促進」に焦点をおいている。これは，2泊3日の合宿研修を通じて，自己のキャリア・ゴールとパス（path）を明確化し，必要な知識や能力を獲得するためのアクション・プランを考えることをめざすものである。次に，キャリア・カウンセラーは，社員一人ひとりがキャリアプランを明確化するさいに，「社員の相談相手となり，その自立を援助する役割をインフォーマルに行う」ためにおかれており，上記のCDW合宿にも同宿して，個別の面談に応じている。さらに，同社におけるキャリア開発（おもに異動や昇進の決定）は，キャリア開発会議を通じて実践されている。この会議には，会社の主要幹部が全員出席して，ライン責任者が提出した個人別のキャリア開発プランの原案をもとに，表明されている個人の意思（自己申告など）に大きな比重をかけて検討が進められる（横山，1993，pp.46〜65）。

次に，ソフト開発会社A社における人材育成とキャリア開発の例をみてみる。

コンピュータ・メーカー系列のソフト開発会社A社では,SE(システム・エンジニア)が思う存分に活躍できる組織づくりを進めてきた。同社は,職位を廃止した,機能別のネットワーク型組織をつくっており,社員は案件ごとのプロジェクトに参画しながら自律的に働くようになっている。

社員のキャリア・イメージについては,30歳くらいまでに先輩の指導を受けて一人前になり,それから40代後半までは年俸制を適用される第一線のSEとして働き,50歳以降は個人のキャリア設計にそくして就業形態を選択する,というプランが描かれている。キャリア形成を支援するために,各自がどういうSEになりたいかを考えて,それにそった研修(テクニカル研修)を受ける機会が用意されており,就業時間内で年間144時間の研修を受けることが定められている。また,社員の組織への求心力を維持するために,つねに全員が情報を共有化できるようなしくみもつくられている。

同社によれば,コンピュータの言語や技術はすたれていくが,もっともベースになる部分,すなわちSEとしての「ものの考え方」はずっと不変であるという。クライアント先で問題が発生したときの原因の究明のしかたといった「基本的な方程式」が理解できていれば,あとは技術やハード面の知識,情報を研修で補充することで長期にわたり活躍することができる,としている。現在,同社の定年は60歳になっているが,正社員の身分のままで70歳くらいまで勤めることも可能だと語っている。

M社の事例には,① 従業員のキャリア開発の体制を全社的に整備している,② 従業員が自分自身の職業適性をつかみ,キャリア開発の方向性を具体的に考える場を設定している,③ 従業員一人ひとりに対する支援体制としてカウンセラーをおいている,④ マネジャー(所属長)の部下のキャリア開発に対する役割を明確にしている,といった特徴がある。また,A社の事例は,継続的な能力開発を行いながら,SEのプロフェッショナルとしての職業人生を構想していくものであり,そのために企業が自律的な働き方を支援する体制づくりをしていることが示唆的である。

いずれにせよ，これらの取り組みには，ホワイトカラーのキャリア開発を本格的に考えるさいに考慮すべき論点が含まれているといえよう。

4. エイジレス就業システムをめざして

これまでの議論から，中高年期の職業生活を再構成するための視点を整理してみよう。

まず，勤労者個人にとっては，① セルフ・ディベロップメントの姿勢をもって，② 職業人生の設計を自律的に考える習慣をつけること，そして，③ 持続的な自己啓発をこころがけ，それによって，④ 自分の職業的能力の確立と向上および能力の適用方法の習熟（または応用力の開発）をはかることが，不可欠になってこよう。一方，企業（経営組織）にとっては，① 画一的・単線的な昇進処遇システムを見直して，② 中高年層の新しい職務・役割を開発することがまず必要であり，③ 従業員の能力開発，自己啓発や職業人生設計への支援システムをいっそう充実させることが求められよう。また，これらの視点は，内部活用（インプレースメント）だけでなく，企業外配置（アウトプレースメント）の場合でも有効性をもっており，いわば勤労者の雇用可能性（employability）を向上させることにつながるものといえる。

こうした勤労者および企業の課題に取り組むさいに重要なことは，エイジレス（ageless）またはエイジフリー（age-free）な就業システムを構築するという発想である。この考え方は，これまでにも何度か提案されてきている。

アメリカ能力開発協会では，『高齢化と労働力：人的資源戦略』（American Society for Training and Development, 1982）と題する報告書のなかで，雇用システムや人的資源管理の実践において機能的基準を採用することが，高齢労働者の多様な熟練や潜在能力を活用するための要件であると提唱した。すなわち，企業の採用・昇進の慣行を再検討し，業績評価，教育訓練などのシステムに機能的基準を適用すること，そして弾力的な配置・異動および退職の機会を用意することが，年齢基準中心の雇用慣行から脱却する道であるという指摘である。

この考え方は，年功序列制という典型的な年齢基準の昇進処遇システムを温存してきた日本企業にとって，とくに考慮すべき示唆を含んでいるといえる。

また，ディヒトバルト（Dychtwalt, K.）によれば，アメリカにおいては，ベビーブーム世代の高齢化が「社会革命」ともいえる大きな変化の波（「エイジ・ウェーブ」）を起こしている。そのインパクトは，人生設計の変革――リニア（直線的）なライフプランに代わる，サイクリック（循環的）なライフプランの出現――をも生み出しているという。そして，これからの時代においては，「休息の時期，気分転換の時期，再訓練の時期，そして個人的内省の時期を挟みながら，生涯を通じていくつかの異なる職業に就いたり辞めたりするようになるだろう」と論じている（ディヒトバルト，1992，p.126）。また，この背景には日進月歩の技術革新という要因があり，ほとんどの技能や専門職のライフサイクルが短縮しているため，定期的な再訓練や生涯にわたる学習が必要不可欠になってきていることが指摘されている（ディヒトバルト，1992，p.232）。

この考え方に従えば，長期のリフレッシュ休暇，教育訓練休暇，サバティカル（長期研究休暇）制度などの発想を含む，生涯労働時間の柔軟化への取り組みが期待されよう。

日本企業でも，すでにいくつかの試みが行われている。たとえば，電機メーカーO社では，「生涯設計プログラム」の一環として，課長昇格6年目の人たちを対象に3ヵ月の「長期リフレッシュ休暇」を導入した。これは，管理職として多忙な人たちに，職業人生なかばの節目の時期に3ヵ月の自由時間をもたせることで，仕事一辺倒の狭い生活から離れて，視野の拡大・転換や心身のリフレッシュをはかれるようにすることを意図している。また，外資系の機械メーカーF社でも，最長2年まで取得できる「ボランティア休暇制度」を導入し，従業員の多様な自己実現欲求にこたえようとしている。

これら一連の試行のなかで，「65歳現役雇用システム」の構築へ向けていくつものトライアルがはじまっており，なかには65歳定年の導入を決めた企業も登場している。こうした取り組みにおいて重要なことは，65歳までの一貫した

雇用管理とキャリア開発であろう。他方，従業員個人の側においては企業依存の職業生活から脱皮し，自律的なキャリア形成に基づく人生設計がますます求められてこよう。

引用・参考文献

American Society for Training and Development (1982) *Aging and the Work Force : Human Resource Strategies*
ディヒトバルト, K.著，田名部昭他訳（1992）『エイジ・ウェーヴ』創知社
間　宏（1997）『経営社会学〔新版〕』有斐閣
松山美保子・門脇厚司・中山裕登（1982）『高齢化時代の人事・組織革命——中高年も企業も生きる戦略——』ダイヤモンド社
森　清（1992）『選び取る「停年」——45歳の自分発見——』講談社
長町三生（1986）『中高年の能力再開発と活性化』日本能率協会
日本能率協会「エージレス就業社会」研究会編（1993）『エージレス就業社会』日本能率協会マネジメントセンター
西田耕三（1997）『中高年敬遠病の克服——業務と人事管理の大改造——』文眞堂
（財）連合総合生活開発研究所（1995）『新しい働き方の創造をめざして』
労働省能力開発局監修・（財）労働問題リサーチセンター編集（1997）『ホワイトカラーの専門的職業能力の診断・評価システムの研究報告書』大蔵省印刷局
労働大臣官房政策調査部編（1989）『産業・労働力構造の変化とこれからの人事・労務管理——21世紀へ向けてのグランドデザイン——』（財）労働法令協会
労務行政研究所（1995）『労政時報第3202号（進む組織改革の最新事例を追う）』
佐野陽子他（1993）『多層化するホワイトカラーのキャリア——変わる企業の人材管理——』（財）高年齢者雇用開発協会
清家　篤（1998）『生涯現役社会の条件』中央公論社
島田晴雄・稲上毅編著（1993）『長寿社会総合講座8　高齢者の労働とライフデザイン』第一法規出版
津田眞澂編著（1993）『人事労務管理』ミネルヴァ書房
氏原正治郎（1989）『日本経済と雇用政策』東京大学出版会
横山哲夫（1993）「モービル石油のキャリア開発とキャリアカウンセリング」乾吉佑・飯長喜一郎編『産業心理臨床』星和書房
吉川栄一（1985）『革新する管理者——激変する時代の新管理者像——』日本生産性本部

第7章
若年者の就業行動と若年労働者問題

はじめに

　1969年から現在に至るまで，少ない年で3千人，多いときには1万人以上の新入社員を対象に毎年行われてきた意識調査がある。社会経済生産性本部（旧日本生産性本部）と日本経済青年協議会が共同で実施してきた「『働くことの意識』調査」である。この調査の目的は，新入社員の「意識構造をできるだけありのままの形で把握する」ことにあり，調査結果は「新入社員の意識構造把握や教育，次年度の採用など」（社会経済生産性本部・日本経済青年協議会, 1998, p.3）への活用が期待されている。

　この調査が対象とする新入社員とは，ある会社に文字どおり新しく入った社員ではない。日本の企業では一般に，ほかの会社をやめてその会社に入る場合や学校卒業後あいだをおいて初めて就職する場合は「中途採用」と呼ばれ，学校を卒業してすぐに入社した若い人たちだけが「新入社員」として扱われてきた。この調査も，このような意味での新入社員である10代後半から20代前半の若者たちを対象としてきた。

　四半世紀を優に超える長期にわたって毎年，意識調査の対象となってきた年齢層は，おそらくほかにはないだろう。このことは，新入社員が，この調査の企画・実施者や調査結果の利用者たちに単に違和感を抱かせてきただけでなく，その意識構造を把握して何らかの対応策を講ずることがとくに必要な存在とみなされてきたことを示している。実際，新入社員を初めとする若い人たちは，「若年労働者」として問題視されてきた。では，どのような観点から，若年労働者の何が問題視され，その意識構造が知るに値するとされてきたのだろうか。

1. 「若年労働者問題」とは何か

(1) 問題視される若年労働者

　「若年労働者」が年若い働く人たちであることには，誰も異論はないだろう。だが，その明確な規定を求めようとすると，思わぬ困難にぶつかる。たとえば，その年齢範囲の下限を画すことはやさしい。労働基準法は最低就業年齢を満15歳と定めている（第56条1項）。しかし上限については，人びとの働き方をさまざまな側面から規定している労働関係法令には規定がない。というより，そこにはそもそも「年少者」の規定（満18歳に満たない者　労働基準法）や「勤労青少年」（勤労青少年福祉法　1970年施行）の用語はあっても，「若年労働者」の用語はない。

　しかし，若年労働者が違和感をもたれ，何らかの対応の必要性をとくに実感させる存在だとすれば，そうした違和感や対応すべき問題が見出されたときには，すでに一定の範囲の人びとが若年労働者として前提されているはずである。広く労働に関する現状や問題を毎年まとめている『労働白書』の1991年版は，「女子労働者，若年労働者の現状と課題」を特集し，後者について次のように記している。「従来若年労働については，中学あるいは高校卒業後の数年間が問題とされてきたが，高学歴化と晩婚化に伴い，20歳台の後半頃まで視野に収める必要が生じてきて」（労働省，1991，pp.219～220）いる。また，勤労青少年福祉法に基づいて策定された「第6次勤労青少年福祉対策基本方針」（運用期間は1996年度から2000年度まで）も，その対策の対象の上限を従来の「おおむね25歳未満」から「おおむね30歳未満」へ引き上げるとしている。

　これらの記述に基づくと，「若年労働者」の範囲は拡大してきており，現在それとして問題視されているのは10代後半から20代後半までの労働者である。

　では，このような若年労働者の何が問題とされてきたのだろうか。

(2) 若年労働者問題と職業意識の変化

「日本で若年労働者が問題にされる場合」について稲上毅は,「基本的にはその供給不足(見通し)が懸念されるか,あるいはその勤労意欲が問題視されるかのいずれかであることが多い」(稲上,1988, p.427)と概括している。稲上によれば,この2点のうち後者は,職業意識の鮮明化,専門職志向の強化がいわれているものの「モラールの低下に対する懸念は少ない」のに対して,前者は「かつて高度成長期に若年労働者不足問題が取り沙汰された」。

「学校基本調査」(文部省)によると,1955年から1973年までの高度経済成長期における大学・短大進学率(3年前の中学卒業者に占める進学者の割合)は,その初期で1割,末期でも3割にすぎなかった。このことからもわかるように,この時期の若年労働力の中心的な供給源は中学・高校の新規学卒者であった。中卒・高卒の労働市場は,経済の高度成長による旺盛な労働力需要によって買手市場から売手市場へ変わり,1961年には中学,高校の新卒の求人倍率はともに2倍を超えた。さらに,中学卒業者の減少と高校進学率の上昇が若年労働力不足を深刻化させた。

しかし,若年労働力の供給が需要を下回るという事態そのものは,事柄の性質上個々の企業にとっては所与であり,「懸念され」「取り沙汰され」るにとどまらざるをえない。むしろ,それを背景にした若年労働者の離転職の増加が「大きな社会問題」(雇用職業総合研究所,1988, p.7)となっていた。行政機関や報道機関によって新卒者の「職業適応と離転職」に関する多くの調査が行われたが,なかでも1966年末に朝日新聞紙上に発表された「中卒県外就職者の就職後4年間の追跡調査」(『朝日新聞』1966年12月25日朝刊)は大きな反響を呼び,労働省による年少就職者相談員制度の設置や新規学卒者の就職離職状況調査の実施などの対応を促したという(雇用職業総合研究所,1988, pp.2～3. 藤本,1971, pp.171～173)。このように,「求人事業主も,行政もその定着対策,職業紹介や職業指導の質的充実を求め」(雇用職業総合研究所,1988, p.7)られていた。つまり,離転職という若年労働者の就業行動こそが対処すべき問題であり,

その「定着」が達成すべき課題であるとみなされていた。

この離転職問題は，現在まで一貫して若年労働者問題の中心をなすと目されてきたといっていい。先にみた「若年労働者」の範囲拡大の指摘は，この離転職問題が従来の年齢層を超えて見出されるからにほかならない。若年労働者問題について「20歳台の後半頃まで視野に収める必要」を説いていた先の『労働白書』が指摘する若年労働者の問題も，長期的な失業率の上昇傾向と「近年の離職率の上昇」（労働省，1991, p.219）である。また，1969年から労働省が行うようになった中学・高校の新規学卒者の就職離職状況調査は，1987年からは大学・短大卒業者も対象に加えて調査がつづけられている（図表7－1）。

ところで，離転職率は一般に，労働力需要が増大する好況期には上昇し，需要の減少する不況期には低下する。1980年代後半からの好況期を対象とした先の白書も，若年層の離転職の上昇について「経済拡大による面」（労働省，1991, p.219）をまずあげる。しかし，それにつづけて「職業意識の変化も背景としてある」と指摘している。職業意識の変化とは，仕事・会社中心の考え方から「より生活重視の方向に向かって」いること，長期勤続志向の低下，離職理由における仕事内容や労働時間の重視などである。そして，若年労働者減少の予測のもとに，その意識変化に対応した労働条件や人事労務管理の改善の必要性を説いている（労働省，1991, p.220）。

若年層の離転職の背景に職業意識の変化があるととらえるのは，この白書だけではない。たとえば，長く就職情報誌事業に携わってきた土屋洋は，1990年代の採用のあり方について景気の後退を見越したうえで，「加速する若者人口の減少と新しい価値観をもつ若者の台頭が，新卒採用の見直しを迫っている」（土屋，1992, p.3）と指摘している。また，1990年代の景気後退期における若年層の就職難について分析した佐藤博樹は，まず，新卒採用者の採用後3年目までの離職率が相当高い水準にあることと（図表7－1参照），自発的な転職が多くなっていることに注目する。次に，「こうした就業行動の背景には，就業意識の変化があると考えられる」として，20～39歳を中心に一社勤続志向が大

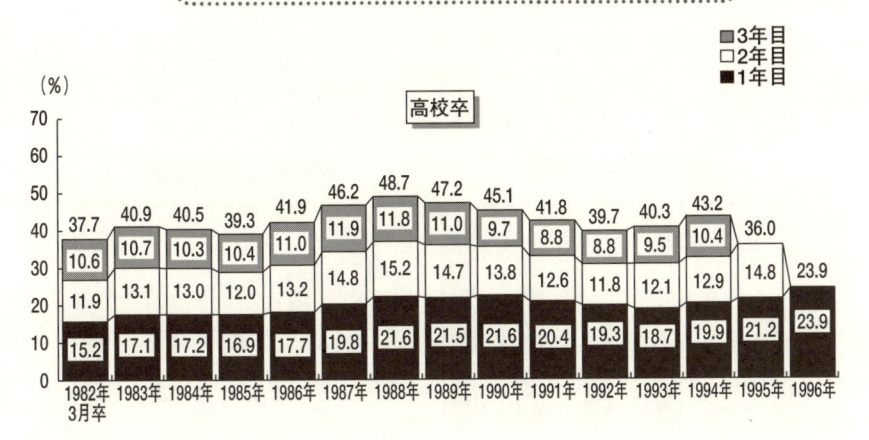

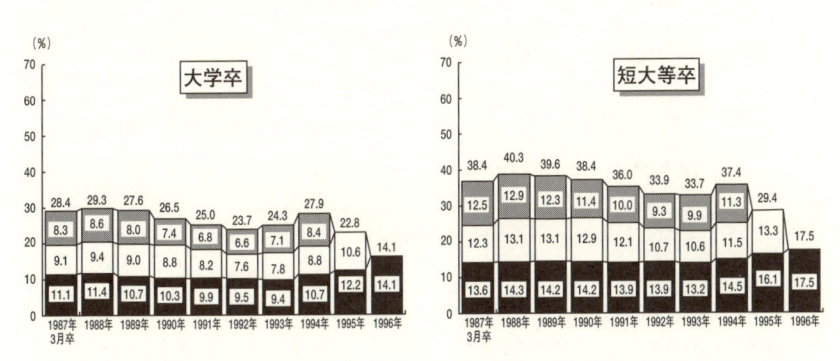

第7章　若年者の就業行動と若年労働者問題　131

図表 7-1　新規学卒就職者の在職期間別離職率の推移

■3年目
□2年目
■1年目

高校卒

卒業年	合計	3年目	2年目	1年目
1982年3月卒	37.7	10.6	11.9	15.2
1983年	40.9	10.7	13.1	17.1
1984年	40.5	10.3	13.0	17.2
1985年	39.3	10.4	12.0	16.9
1986年	41.9	11.0	13.2	17.7
1987年	46.2	11.9	14.8	19.8
1988年	48.7	11.8	15.2	21.6
1989年	47.2	11.0	14.7	21.5
1990年	45.1	9.7	13.8	21.6
1991年	41.8	8.8	12.6	20.4
1992年	39.7	8.8	11.8	19.3
1993年	40.3	9.5	12.1	18.7
1994年	43.2	10.4	12.9	19.9
1995年	36.0	—	14.8	21.2
1996年	23.9	—	—	23.9

大学卒

卒業年	合計	3年目	2年目	1年目
1987年3月卒	28.4	8.3	9.1	11.1
1988年	29.3	8.6	9.4	11.4
1989年	27.6	8.0	9.0	10.7
1990年	26.5	7.4	8.8	10.3
1991年	25.0	6.8	8.2	9.9
1992年	23.7	6.6	7.6	9.5
1993年	24.3	7.1	7.8	9.4
1994年	27.9	8.4	8.8	10.7
1995年	22.8	—	10.6	12.2
1996年	14.1	—	—	14.1

短大等卒

卒業年	合計	3年目	2年目	1年目
1987年3月卒	38.4	12.5	12.3	13.6
1988年	40.3	12.9	13.1	14.3
1989年	39.6	13.1	13.1	14.2
1990年	38.4	11.4	12.9	14.2
1991年	36.0	10.0	12.1	13.9
1992年	33.9	9.3	10.7	13.9
1993年	33.7	9.9	10.6	13.2
1994年	37.4	11.3	11.5	14.5
1995年	29.4	—	13.3	16.1
1996年	17.5	—	—	17.5

原注）この離職率は労働省が管理している雇用保険被保険者の記録を基に算出したものであり、新規に被保険者資格を取得した年月日と生年月日により各学歴に区分している。
注）「中学卒」のデータは割愛した。
出所）労働省資料

きく低下し,同時に専門家志向が強まっていることに注目する(図表7-2)。そして,長期的には若年労働力の急激な減少が確実視されていることなどをあげて,「新卒の採用と定着のための対策を今から充実させておくこと」を企業に求めている(佐藤,1995,pp.7～9)。

図表 7-2 一社勤続志向D.I.と専門家志向D.I.の変化

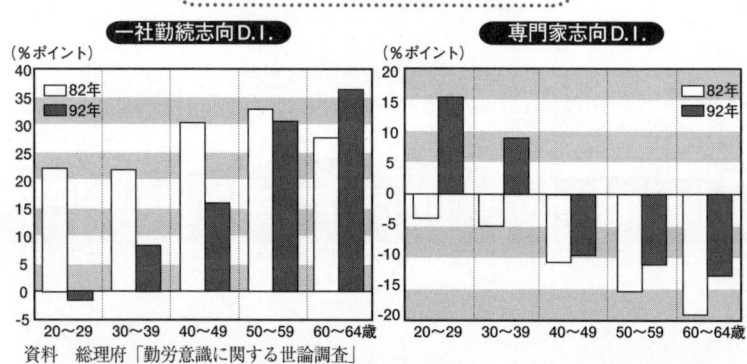

資料 総理府「勤労意識に関する世論調査」
注 (1) 一社勤続志向D.I.とは以下のとおり
（「一つの会社に長く勤め,だんだんと管理的な地位になっていくコース」+「一つの会社に長く勤め,ある仕事の専門家になるコース」)-(「いくつかの企業を経験して,だんだんと管理的な地位になっていくコース」+「いくつかの企業を経験して,ある仕事の専門家になるコース」)
(2) 専門家志向D.I.とは以下のとおり
（「一つの会社に長く勤め,ある仕事の専門家になるコース」+「いくつかの企業を経験して,ある仕事の専門家になるコース」)-(「一つの会社に長く勤め,だんだんと管理的な地位になっていくコース」+「いくつかの企業を経験して,だんだんと管理的な地位になっていくコース」)
出所）佐藤博樹「平成の就職難――労働市場と就業意識の変化――」『経済と労働』'94・労働特集Ⅱ,東京都労働経済局総務部企画室,1995年,p.8

これらはいずれも,若年労働力の「供給不足見通し」のもとに,経営とくに「新卒の採用と定着」の観点から若年労働者の離転職を問題視し,その背景に職業意識の変化があるものとみている。冒頭にあげた意識調査が始められたのも,おそらく同様の認識があったからにちがいない。だが,もしこう考えていいとすると,少なくとも30年前から若年層の意識が注目され,企業も行政も新卒の定着に意を用いながら,その意識の変化に翻弄されつづけてきたことにならないだろうか。こうしたことは,今後も繰り返されるのだろうか。

図表 7-3　性別，年齢別転職率の推移

(単位 %)

	総数	15～19歳	20～24歳	25～29歳	30～34歳	35～39歳	40～44歳	45～49歳	50～54歳	55～59歳	60～64歳	65歳以上
男性												
1971年	3.9	6.6	7.5	5.1	4.1	3.2	2.4	2.2	2.1	3.2	*	1.0
1974年	4.2	8.3	8.5	6.3	4.8	3.5	2.6	2.3	2.3	3.5	*	1.2
1977年	2.9	7.2	6.7	4.6	3.2	2.5	1.9	1.4	1.5	2.7	*	0.7
1979年	3.3	10.6	8.8	5.3	3.6	2.5	1.9	1.6	1.8	3.5	2.1	0.8
1982年	2.6	8.5	7.2	3.5	*	1.7	*	1.4	*	2.8	2.2	0.8
1987年	4.2	15.6	11.8	6.3	4.4	3.4	2.7	2.3	2.7	3.4	3.6	1.2
1992年	4.1	14.4	12.0	7.4	4.7	3.6	2.4	2.1	2.1	2.6	3.4	1.2
1997年	3.8	16.2	10.7	6.8	4.6	3.1	2.5	2.0	2.0	2.3	3.5	1.3
女性												
1971年	3.5	6.3	7.8	4.4	3.0	2.6	2.2	1.8	1.5	0.8	*	0.3
1974年	4.0	7.3	9.2	6.1	3.5	3.3	2.6	2.0	1.5	1.1	*	0.4
1977年	2.9	6.4	7.0	4.5	3.5	2.6	2.0	1.4	1.1	0.7	*	0.1
1979年	3.3	6.7	7.4	5.4	4.2	3.5	2.6	1.5	1.4	1.0	0.8	0.3
1982年	2.7	7.2	6.3	3.9	*	2.7	*	1.3	*	0.8	0.6	0.2
1987年	4.8	13.4	10.3	7.6	5.7	5.6	4.5	3.2	2.0	1.6	1.1	0.5
1992年	5.4	15.8	11.5	9.2	6.3	5.7	5.5	3.7	2.3	1.8	1.5	0.4
1997年	5.3	17.5	12.8	8.5	6.9	6.6	5.2	3.5	2.4	1.5	1.3	0.5

注) 年齢階級の「＊」で表示されているものは，その前の階級に含まれている。
出所) 総務庁統計局『日本の就業構造』日本統計協会，1994年，p.323
　　　総務庁統計局『平成9年就業構造基本調査結果の概要』日本統計協会，1998年

2. 若年者の離転職と職業経歴

(1) 若年者の転職率

若年労働者に関して対処すべき問題とみられてきた離転職の動向について確認しておこう。離転職率は、サンプルの採り方の異なるいくつかの政府統計によって知ることができる。ここでは、「就業構造基本調査」（総務庁）によって性別・年齢別の転職率の推移をみることにしたい。この調査は、世帯を調査単位としており、その転職率には、正規従業員（正社員）だけでなく、若者の新しい働き方とされるフリーターを含むパートタイマーやアルバイター、さらには労働者派遣法（1986年施行）によって認められるようになった派遣社員なども含まれる。このようなサンプルによる「就業構造基本調査」は、後述のように雇用形態が多様化している若年労働者全体の離転職の推移をみるためには最適である。

図表7-3で各年齢層の転職率の推移をみると、景気変動によるとみられる変化がありながらも男性の30歳以上の転職率は安定している。これに対して、男性の29歳以下層と女性のほとんどすべての年齢層で転職率が上昇している。なかでも15～24歳層は、1987年以降男女ともに10%を超えている。

しかしここで注目したいのは、むしろ次の点である。まず、どの調査時点でも転職率は24歳以下の年齢層がもっとも高く、男性の50歳以上を除いて年齢があがるにつれて転職率は低下している。また、ある時点の若い年齢層に注目して加齢にともなう変化をみると、年齢とともに転職率は低くなっている。たとえば、1977年に20～24歳だった男性の転職率は6.7%である。この人たちが30～34歳（1987年）になると4.4%、さらに40～44歳（1997年）では2.5%と定着性が高まっている。

以上のように「就業構造基本調査」によれば、若年層の転職率は近年たしかに上昇している。しかし、若年期の転職率が相対的に高いのは、近年にかぎったことではない。

(2) 青年期の離転職の「普遍性」とその社会的容認

　若年期の頻繁な転職は，近代社会あるいは産業社会と呼ばれる社会では実は普遍的ともいえることである。もちろん若年者のすべてが転職を経験するわけではない。しかしこの時期の高い転職率は，「就業構造基本調査」をその最初の調査（1956年）までさかのぼっても確認できるばかりでなく，戦後の復興期や戦前にもみることができる。たとえば，1904年から1953年に生まれた全国の男性を母集団とした調査（雇用促進事業団職業研究所，1979，pp. 24～25）や静岡市在住の1918年から1937年生まれの男性を母集団とした調査（大久保，1991，pp. 125～129）でも，転職回数や転職率は20代（前半）がもっとも高く，その後は基本的に定年年齢まで年齢とともに減少している。さらに，欧米諸国でも同様のパターンがみられる（雇用促進事業団職業研究所，1979，pp. 26～27）。

　初めて職業に就いたあとにつづく頻繁な離転職が行われる時期は，職業経歴の一連の段階のなかで「職業的探索期」（雇用促進事業団職業研究所，1979，p. 28）あるいは「試行期間」（大久保，1991，p. 128）と位置づけられてきた。ただ，この段階における探索や試行の内実を明らかにすることは，必ずしも容易なことではないと思われる。たとえば，それを単純に「適職」探索過程といってすますことはできない。なぜならば，離職が強制的でないかぎり，転職はいつでも「適職」探索過程なのだから。難しさの理由のひとつは，スーパー（D. E. Super）が述べているように，職業的な「探索」が「自我の理解の発達，成人への芽生えとしての試行，配偶者の発見，職業の発見，社会における自分の場所の発見などをふくむ」「青年期の探索」（スーパー，1960，pp. 93～94）の一部であることに求められるかもしれない。

　しかし，職業に初めて就く人たちにとってこの探索や試行が——たとえ離職に至らないとしても——ほとんど不可避であることはたしかだろう。近代社会に生きる私たちの人生は，学校の時期と仕事の時期とに画然と分けられている。シャイン（E. H. Schein）によれば，初職に就くことは，その前にいだかれた職業に対する期待や夢と現実とのギャップに初めて出合うことである。そして，

いかに学校で入念に説明され，アルバイトなどの豊富な経験があっても，「組織との最初の全面的な関わり合いの現実は衝撃的」（シャイン，1991，p.105）だという。このようにして，衝撃の経験や探索・試行がほとんど必然だといえるならば，高学歴化が問題視される若年労働者の年齢の上限を押しあげることは当然のことだろう。

いずれにせよ，ここで重要なことは，若年層の頻繁な離転職が，大人が目をそむける勝手気ままな若者の行動ではなく，少なからず社会的に容認されてきたことである。静岡市調査の結果を検討した大久保孝治は，「20代は社会が転職という行動に対して比較的寛容な年齢段階である」（大久保，1991，p.127）と述べている。そして，この頻繁な離転職は結婚によって落ち着くようだ。「結婚するまでの間は転職が多」（雇用促進事業団職業研究所，1979，p.28）い，「試行期間から安定期への移行と結婚がほぼ一致する」（大久保，1991，p.128）として，頻繁な離転職の終了と結婚との強い関連性が指摘されている。

私たちの社会では，職業労働に就くことが一人前の大人の当たり前のあり方として自明視されている（バーガー・バーガー，1979，p.260．辻，1980，pp.11～18．井出，1997，pp.98～101）。また，上述のように学校を卒業し職業生活を始めた「青年」の頻繁な離転職は広くみられることであり，社会的に一定程度容認されてきた。ところが第1節でみたように，その離転職が若年労働者の問題とみなされてきたのである。一方で容認されてきた若年層の離転職が，なぜ若年労働者問題として問題視されるのだろうか。本節の考察が当を得たものであるならば，この点があらためて問われなければならないだろう。

3. 日本的雇用慣行と若年層の就業行動
(1) 年功序列下での若年者雇用のメリット

学校を卒業後就職した青年の相対的に高い離転職率は，すでに触れたように戦後の復興期にもみられた。しかし，戦後の10年間はむしろ労働力の過剰が問題視され，それが問題化することはなかった。若年労働者の離転職は，高度経

済成長期の若年労働力の「供給不足」やその後の「供給不足見通し」のもとで問題視されてきたのである。しかしそれと同時に他方では，労働力需給における年齢間や地域間のミスマッチが常に指摘されてきた。若年労働力に対する需要の大きさとは対照的に，たとえば55歳以上の人たちの求人は求職を大きく下回ってきた。したがって，企業はいたずらに若年労働力不足を嘆くのではなく，求人の少ない中高年齢層や女性を活用すべきだという主張は当然の指摘だろう（島田，1991, pp.149~154）。それにもかかわらず，高度経済成長期以降あえて「新卒の採用と定着」に注意が払われてきたのは，企業が若年労働者を強く選好してきたからにほかならない。このことは，高度経済成長期のごく初期の段階に次のように指摘されている。「大企業ではとくに最近……常用工については質のよい学卒を将来の基幹労働力として需要し，企業内部で育成する傾向が一般化しつゝある」（労働省，1958, p.58）。

　企業はなぜ若年者を選好するのだろうか。上林千恵子は，その理由を「若年労働者のメリット」として次の3点に求めている（上林，1997, pp.85~86）。「福利厚生費を含め賃金コストが安いこと，適応力が高いこと，企業内大衆としてピラミッド構成の底辺を形成すること」である。この3つのうち，最初と最後のメリットが成立するためには，ある前提が必要である。上林が上記の指摘を導く過程で言及しているように，第1の若年者の安価な賃金コストは，「年功賃金体系下で新規に雇用された若年者は企業内でもっとも低い賃金を受け取る」ことを前提としている。第3の点も年功制のもとで中高年者が「ある程度その能力が認められて〔高い〕ポストについている」ことが前提にある。

　このように年功制は，若年労働者の雇用が企業にとってメリットをもつとされる際のひとつの大きな前提となっている。周知のとおり年功制は，終身雇用や企業別組合とともに日本的雇用慣行の支柱をなすとされてきた。だがここで注意しておきたいのは，次の点である。繰り返し指摘されてきたように，これらの慣行は「日本的」と呼ばれながらもわが国のすべての労働者を包摂するものではなかった。主に大企業男性正規従業員にあてはまるにすぎなかった。そ

れにもかかわらず，これらが「日本的雇用慣行」として説得力があると受け取られてきたのは，日本社会においてそれらに価値が与えられ，規範性をもってきたからである（石川，1980．亀山，1987，pp.1～7．野村，1994，pp.191～195．井出，1996，pp.137～140）。つまり，企業にとっては終身雇用や年功制を採用することが望ましいことであり，また，従業員にとっては学校卒業後最初に就職した会社に定年まで勤めつづけることや年功的処遇を受けることが好ましく価値があると受け取られてきたのである。これを職業経歴の観点から，「初職への適応」（今田，1998，p.99）が重視され「非移動型のキャリア形成がモデル」（今田，1998，p.100）とされてきたということもできる。

以上の検討に基づけば，次のようにいえるだろう。企業は，日本的雇用慣行のもとで若年者とくに新卒者を好んで採用してきた。それと同時に若年者雇用は，日本的雇用慣行下で企業にいくつかの大きなメリットをもたらしてきた。したがって，企業にとって若年労働者の「供給不足（見通し）」は致命的であり，その離転職は解決されるべき重要な問題である。

企業経営において若年労働者雇用にこのように重要な位置づけが与えられるにもかかわらず，先に述べたように若年者の離転職は普遍的とさえいえるならば，若年労働者の離転職問題は，実はその意識の変化などには関係なく生じうるといっても，必ずしも極論ではないだろう。つまり，企業が選好する若年労働者の離転職問題は，先にみた若年労働者の「供給不足（見通し）」のもとで「新卒の採用と定着」の観点から，「まったく新しい問題ではない……が，それはやはり新しい問題でもある」（藤本，1971，p.161）として常に喚起されうる構造になっている。

(2) 日本的雇用慣行の見直しと雇用の流動化

第1節で触れたように若年労働者の職業意識には，長期勤続志向あるいは一社勤続志向の低下がみられると指摘されている。このような意識の変化は，非移動型キャリアをモデルとする日本的雇用慣行からみれば好ましくない。とこ

ろが，1990年代にはいってさまざまな団体から矢継ぎ早に提出された提言は，いずれも日本的雇用慣行の見直しを主張している。なかでも日本経営者団体連盟の『新時代の「日本的経営」』(1995年)は，経営の立場から雇用の流動化の姿勢を明確に示したものとして注目された。

この報告書は，「能力・成果重視の人事処遇」や「意識の多様化，産業構造の変化にも柔軟に対応するシステム」が求められているとの認識のもとに，「企業を超えた横断的労働市場」の育成，「人材の流動化」の必要性と必然性を説いている。そのなかで今後の雇用形態については，従来の終身雇用(「長期蓄積能力活用型」)のほかに，有期雇用契約で専門的熟練・能力を提供する「高度専門能力活用型」と，多様な働く意識をもつ労働者が有期雇用契約で定型的業務から専門的業務まで企業の多様な需要に応える「雇用柔軟型」とを加えた3つのタイプになると予測するほか，定期昇給や福利厚生制度の見直しの必要性などを説いている(新・日本的経営システム等研究プロジェクト，1995)。

この提言は，終身雇用と年功制の大幅な見直しを求めている。ただし，これは現状の根本的な変革を訴えたというよりは，雇用の多様化，能力主義の導入など，すでにある動きを追認したものである。本章の文脈でいえば，これは，もはや終身雇用と年功制を価値や規範としないことを宣言し，経営の側から「新時代の『日本的経営』」の方向を明確に示したものである。

こうした方向性のもとで採用についても，従来の「新卒定期一括採用」ではない新しい方式を導入する企業が増えてきた。労働省「雇用管理調査」(1998年)によると職種別採用を実施した企業は55.2%，海外の大学の卒業者や専門能力のある人を計画的に採用する通年採用を導入した企業は10.6%となっている。また，終身雇用や年功制とともに日本的雇用慣行の重要な構成要素である退職金や福利厚生という長期勤続を前提にした制度についても，見直す企業が現われてきた。松下電器産業は，退職金の支払いや住宅貸し付けなどの福利厚生制度を利用するか，その代わりにその分を給与に上乗せして支払いを受けるかを従業員が選択できる制度を1998年に導入した(「朝日新聞」1997年4月16日

朝刊, 1997年9月9日朝刊 (大阪本社), 1998年7月3日朝刊)。

(3) 雇用の多様化と若年層の離転職

1970年代の石油危機以降日本の企業は，日経連報告の「雇用柔軟型」に含まれるパートタイマーやアルバイターなどの非正規従業員を増やして雇用の多様化を進めてきた。1975年から1997年の変化をみると，常雇比率は91.8%（男性94.8%，女性85.3%）から88.9%（94.1%，80.9%）へと減少した一方で，短時間雇用者比率は10.0%（6.5%，17.5%）から21.1%（11.5%，36.0%）へと増加した（総務庁「労働力調査」）。しかし雇用の多様化は，すべての層において一様に進行しているのではない。石油危機以降の雇用の多様化について性別・年齢別に検討した1998年版の『労働白書』は，「就業形態〔雇用形態〕の多様化は，若年層〔15～24歳〕，女性中年層〔35～59歳〕及び男性高年齢層〔60歳以上〕で進んでいる」（労働省, 1998, p.169）と結論している。

図表 7-4 常用労働者の性別，年齢階級別転職入職率の推移

(単位 %)

	年齢計	19歳以下	20~24歳	25~29歳	30~34歳	35~39歳	40~44歳	45~49歳	50~54歳	55~59歳	60歳以上
男性											
1975年	7.4	10.4	11.2	9.3	6.2	5.2		5.3		8.0	
1980年	7.3	12.7	13.9	9.8	6.9	4.8		4.4		7.6	
1985年	7.5	10.7	13.7	9.9	7.0	5.5		4.6		8.2	9.6
1990年	8.5	14.9	16.0	10.8	7.8	6.1		5.3		7.1	10.1
1995年	7.2	9.6	12.8	8.7	6.7	5.3	5.7	4.6	5.6	5.8	8.6
1997年	7.4	10.3	12.6	10.8	7.7	5.9	5.0	4.6	5.3	5.9	8.1
女性											
1975年	8.7	8.1	12.0	10.7	7.8	7.4		6.1		4.7	
1980年	8.1	8.0	11.3	11.0	8.0	7.3		5.2		4.3	
1985年	9.2	9.3	12.3	12.3	9.3	9.0		6.2		5.8	4.9
1990年	11.3	11.4	16.4	13.4	11.7	10.5		7.5		6.9	5.1
1995年	8.7	5.9	12.9	11.2	9.1	8.6	8.4	7.1	5.8	4.1	4.8
1997年	8.7	10.1	13.6	10.5	10.4	9.1	8.7	5.8	5.0	3.0	5.5

注) 年齢階級別転職入職率＝1月～12月の転職入職者数／6月末現在の常用労働者数×100
資料) 労働省「雇用動向調査」

ところで，第2節で「就業構造基本調査」によって若年労働者の転職率が上昇していることを確認した。ところが，「雇用動向調査」（労働省）によって若年労働者の転職入職率をみると，ほかの年齢階級にくらべて振り幅は大きいものの，第2節でみたような上昇はみられない（図表7－4）。

この2つの統計が相反する傾向を示す理由は，両者のサンプルの採り方のちがいに求められる。すでに説明したように前者は世帯を調査単位とし，上記の雇用の多様化を反映するサンプルの採り方をしている。これに対して，後者は5人以上の常用労働者を雇用する事業所を調査単位とし，常用労働者を主な対象としている。この2つの調査の比較からは，常用労働者（「正社員層」）の流動化はそれほど進んでおらず，「就業構造基本調査」における若年層の転職率の上昇は，もともと流動的なパートタイマーやアルバイターなどの非正規従業員の増加によるものであることがわかる（中馬・樋口，1997，pp. 165～169．労働省，1998，pp. 125～127）。このことは，若年層の離転職の増加が，その背景に職業意識の変化があるとしても，雇用の多様化という戦略を採用した企業と若年労働者との相互行為の産物だということを示している。

4. おわりに

若年労働者問題を主題とする本章は，経営の観点からのその論じられ方に注目しながら「問題」の構造を明らかにしてきた。最後に，今までに触れられなかったことについて言及しておこう。

若年労働者が問題視されるのは，本章でとりあげた経営の観点からだけではない。たとえば，労働基準法の「年少者」規定や勤労青少年福祉法，最近のインターンシップ制の提唱にその典型が見出される保護・福祉・教育なども重要な観点である。

先に触れた2つの職業経歴研究は，いずれも学校卒業後の頻繁な離転職の終了と結婚との密接な関連を指摘していた。このことは，若年者の就業行動を理解するためには，その労働の領域に関する検討だけでは不十分であることを示

唆している。「晩婚化」「非婚化」は，青年期の伸長とも関連して，若年者の就業行動に深い関係があるかもしれない。また，高学歴化や雇用の女性化，ホワイトカラー化，経済のソフト化などの戦後を通じた大きな変化も，若年者の就業行動と無関係ではない。

　本章では先に，日本的雇用慣行のもとで非移動型の職業キャリアがモデルとされてきたと述べた。しかし，厳密にいえばこれは「大人の男性の働き方」のモデルである。女性の就業についてM字型が指摘されてきたことからもわかるように，女性の働き方のモデルはこれとは別のものであった。

　これらの点に関する検討は，若年労働者問題や若年者の就業行動についてより十全な理解をもたらすと予想される。しかし，そのような検討を加えた場合でも，本章で明らかにしたこと，つまり，高度経済成長期以降の若年労働者問題が日本的雇用慣行のもとで問題化してきた構造は，依然として主要な論点であるにちがいない。もちろん，このように述べたからといって，たとえば雇用の多様化や流動化とともに日本的雇用慣行が価値や規範性を失った場合にも，そのときの若年労働者問題の構造として本章の検討がそのまま妥当すると主張しているわけではない。

引用・参考文献
バーガー，P. L. & B. バーガー著，安江孝司・鎌田彰仁・樋口祐子訳（1979）『バーガー社会学』学習研究社
中馬宏之・樋口美雄（1997）『労働経済学』岩波書店
藤本喜八（1971）『職業の世界』日本労働協会
井出裕久（1996）「日本社会における企業と個人の共生」坂田義教・穴田義孝・田中豊治編著『共生社会の社会学』文化書房博文社，pp. 129～150
井出裕久（1997）「職業と社会階層」張江洋直・井出裕久・佐野正彦編『ソシオロジカル・クエスト』白菁社，pp. 96～111
今田幸子（1998）「初職達成とその適応」日本労働研究機構編『教育と能力開発』リーディングス 日本の労働 第7巻，日本労働研究機構，pp. 99～128
稲上　毅（1988）「若年労働者」見田宗介・栗原彬・田中義久編『社会学事典』弘文堂，p. 427

石川晃弘（1980）「雇用構造の変化」安藤喜久雄・石川晃弘編『日本的経営の転機』有斐閣，pp. 29～48
亀山直幸（1987）「日本的雇用慣行の装置と機能」労働大臣官房政策調査部編『日本的雇用慣行の変化と展望（研究・報告編）』大蔵省印刷局，pp. 1～21
上林千恵子（1997）「若者が仕事にわがままなのか？」犬塚先編『新しい産業社会学』有斐閣，pp. 76～102
雇用職業総合研究所（1988）『青年期の職業経歴と職業意識』職研調査研究報告書 No. 72
雇用促進事業団職業研究所（1979）『日本人の職業経歴と職業観』至誠堂
宮本みち子・岩上真珠・山田昌弘（1997）『未婚化社会の親子関係』有斐閣
二関隆美（1975）「青年文化の問題」『大阪大学人間科学部紀要』第1巻，pp. 189～247
野村正實（1994）『終身雇用』岩波書店
岡本英雄（1979）「青年と職業」吉田裕・平井久・長島正編『現代青年の意識と行動』誠信書房，pp. 134～145
大久保孝治（1991）「企業間移動からみた職業経歴」森岡清美・青井和夫編『現代日本人のライフコース』日本学術振興会，pp. 118～136
労働省　各年　『労働白書』日本労働研究機構・（財）労働法令協会
労働省職業安定局編（1995）『労働力需給の長期展望』労務行政研究所
佐藤博樹（1995）「平成の就職難――労働市場と就業意識の変化――」『経済と労働』'94・労働特集Ⅱ，東京都労働経済局総務部企画室，pp. 2～9
シャイン，E. H. 著，二村敏子・三善勝代訳（1991）『キャリア・ダイナミクス』白桃書房
（財）社会経済生産性本部・（社）日本経済青年協議会（1998）『平成10年度新入社員「働くことの意識」調査報告書』
島田晴雄（1991）『日本企業・次なる変革』ＰＨＰ研究所
新・日本的経営システム等研究プロジェクト編著（1995）『新時代の「日本的経営」』日本経営者団体連盟
スーパー，D. E. 著，日本職業指導学会訳（1960）『職業生活の心理学』誠信書房
辻　勝次（1980）『仕事の社会学』世界思想社
土屋　洋（1992）『新卒採用の実際』日本経済新聞社

第8章
女性の職場進出と働き方の変革

はじめに

　1999年4月より改正男女雇用機会均等法が施行された。本章では、均等法の制定と改正を軸に、戦後の女性労働の特質を示し、女性労働の現在的問題ならびに今後の動向について分析する。

　均等法改正は男女平等化に向けた前進として内容的には評価できるものの、一方で労働基準法における女子保護規定の撤廃をともない、女性の労働状況が厳しさを増した側面も含めて考える必要がある。事実上家庭責任を担っているのが女性である現状を考慮すれば、既婚者、とくに育児中の女性にとって、男女共通の労働規制なしの均等法改正は果たして前進といえるのだろうか。そもそも「女性の活用」とは何か。戦後の女性労働の特質からこの言葉の含意するところを明確にしておくことも必要である。

　しかしながら一部の企業では「女性の活用」の転換を図り、また、女性の側からも主体的に自らの働き方を開拓する動きもみられる。本章で取り上げる具体的事例は、女性が従来の企業中心的な働き方に足並みをそろえていくのではなく、家庭生活と職業生活とのバランスの確保が個人と組織の双方にとって今後重要なポイントになっていくであろうことを示しているとともに、既存の組織原理を問い直す視点も与えてくれている。こうした事例をとおして、今般の均等法をはじめとした一連の法の改正が、働く側のニーズを満たしうる内容のものであるか検討していく必要があるだろう。

1. 女性労働の変遷

(1) 雇用の女性化

戦後における女性労働の変遷を一言で示すならば，「労働力の女性化」あるいは「雇用の女性化」であろう。「労働力の女性化」は，先進工業諸国をはじめとした世界的傾向とされているが，日本では「雇用の女性化」の方が当てはまる。戦後，女性労働力率はほとんど変化をみせておらず，むしろ1960年の54.5％から1995年の50.0％へと減少を示している。一方，女性就業者に占める雇用者比率は1960年の40.8％から1995年の78.3％へと大きく増加した（図表8－1）。こうした背景には，農林業の縮小とそれにともなう自営部門の減退という産業構造の変化があった。

かつて女性は農林業自営部門の就労が優勢であったが，高度経済成長期における産業構造の変化とともに非農林業就業者数が農林業就業者数を上回るようになる。こうした状況のなかで，1960年には624万人いた女性の農林業自営部門就業者は，高度経済成長期の1965年には533万人に減少し，さらに第1次石

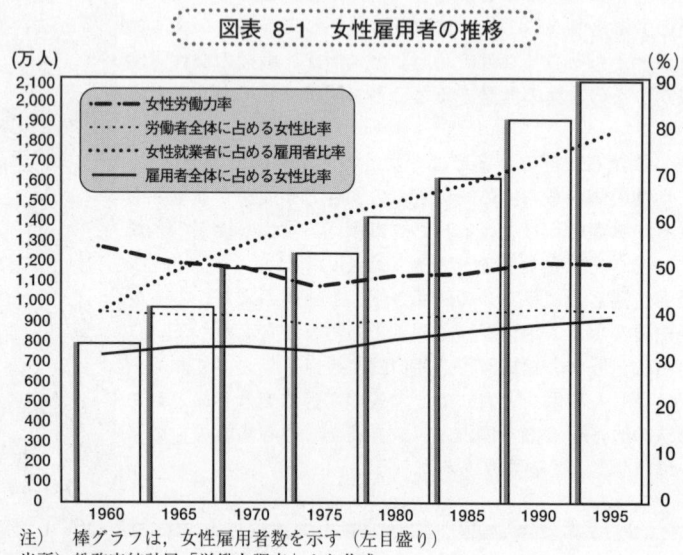

図表 8-1 女性雇用者の推移

注）棒グラフは，女性雇用者数を示す（左目盛り）
出所）総務庁統計局「労働力調査」より作成

油ショック後の1975年には315万人となりほぼ半減した。

自営部門就業者の減少は，女性の年齢階級別労働力率にも変化を及ぼしている。戦後日本の女性の年齢階級別労働力率は，出産・育児期にあたる25～34歳層でくぼみをつくる，いわゆるM字型を描いてきた。このM字のくぼみの底辺の数値をみると，1960年では54.5%であったものが1975年には42.6%と落ち込み，それ以降若干の底上げはしているものの，1995年においても53.7%と1960年のそれを下回る水準にある。自営部門の減少が，出産・育児期における女性の労働力率に影響を与えてきたことは明らかである。

また，「雇用の女性化」の進展は，景気変動が女性の就労に与える影響をより大きくした。景気の浮沈に従い，戦後の女性労働力人口は男性に比べて大きく変動してきた。つまり，不況になれば女性は労働市場から引退して非労働力化し，好況になるとまた労働力化するといった，いわば景気変動の安全弁としての役割を担わされてきたといえる（高橋，1983，p.42）。

以上のように女性労働は，産業構造の変化やそれにともなう自営部門の縮小，さらには景気変動の影響を受けながらも，着実に雇用労働力としてその数を伸ばしてきたのである。

(2) 女性雇用の拡大要因

女性の雇用拡大について，まず，労働力供給側の要因をみていくと，第1に，平均寿命の伸長と出生率の低下によるライフサイクルの変化があげられる。育児期間が大幅に短縮される一方で，育児終了後の残された人生は伸び，もはや出産・育児が女性の人生の大半を占めることはなくなった。第2に，家庭電化製品や加工食品の普及は家事の一部を社会化し，家事労働の軽減につながった。第3に，経済の成長にともなう生活様式の変化は各種消費財の大量生産・大量消費と結びつき，貨幣需要の欲求を高め，女性の雇用化を推し進めた。さらには，医療や老後の生活保障の立ち遅れがその傾向をさらに促進した。第4に，教育水準の向上にともなう女性の高学歴化は女性の社会参加への意欲を高め

た。そして第5に、石油ショック後に需要が高まったパートタイム労働などの短時間就労が供給側のニーズと合致し、とくに出産・育児終了後の中高年既婚層の雇用化を推し進めることとなった。

次に需要側の要因であるが、まず1970年代半ばの第1次石油ショックまでをみると、経済成長にともなう労働力不足と技術革新の2点が主な要因としてあげられる。

経済成長にともなう労働力不足、とりわけ若年労働力不足は、女性労働力の需要を大きく高めた。この時期のもっとも大きな特徴は、中高年既婚層におけるパートタイム労働の増加である。労働力不足は、未婚の若年女性を短期的なサイクルで回転させるという、それまでの女性労働者に対する雇用管理の基本を変更させ、低賃金の若年女性の短期雇用とともに、やはり低賃金の中高年既婚層によるパートタイム労働によって労働力不足を補う方向に転じさせた。また、労働過程の機械化・自動化にみられる一連の技術革新は、重労働や熟練労働を軽度の労働あるいは単純・反復作業に代替し、不熟練女性労働力の需要拡大を可能にした。事務労働は管理的業務と単純反復的作業に分化し、女性は主として後者の反復的作業に置かれることになった。女性の雇用拡大は、労働の質的変化と新たな分業体制をともなっていたのである。

次に、第1次石油ショック以降の産業構造の変化は、製造業従事者の伸びの鈍化とサービス業従事者の伸長をもたらしたが、そのなかで、経済のサービス化とME（マイクロエレクトロニクス）化は女性の雇用拡大の主な要因となった。

まず、経済のサービス化は石油ショック後の減量経営と結びつき、パートタイム労働や派遣労働などの伸縮性の高い労働力需要を大きく促進させた。サービス業は季節的にも時間的にも閑繁の変動が大きく、コスト削減のためにはフレキシブルな労働を必須としたのである。また、ME技術は情報処理などの新たな職業分野の出現をもたらしはしたが、高度な専門知識をもつ専門技術者を必要とする一方でOA機器を作動させる単純作業者も必要となり、女性労働者

第 8 章　女性の職場進出と働き方の変革　149

を後者に配置したのである。

　戦後の経済動向と産業構造の変化は，正規労働者と非正規労働者の二極分化を促進し，高度な専門知識に基づいた労働と単純反復作業労働との分業の再編をもたらし，男性労働者と女性労働者との間のみならず女性労働者内部の分化をも促進した。

2. 法制度の整備と女性労働の現状
(1) 法制度の拡充とその問題点
　1) 男女雇用機会均等法の成立と改正

　男女平等を推進する国際的動向や，国内における女性雇用者の急増と平等的処遇要求の高まりなどを背景に，1986年4月1日，いわゆる「男女雇用機会均等法」(正式名称「雇用の分野における男女の均等な機会および待遇の確保等女子労働者の福祉の増進に関する法律」以下，「均等法」)）が施行された。ただし，これは独立の新法として制定されたものではなく，1972年の「勤労婦人福祉法」の大幅改正として成立した。

　この法律を一言でいうならば，職場の「入口（募集・採用）」から「出口（定年・退職）」までを男女平等にするように定めた法律である（大森，1990）。具体的には，募集・採用（第7条），配置・昇進（第8条）に関しては事業主の努力義務とし，教育訓練（第9条），福利厚生（第10条），定年・退職・解雇（第11条）については罰則をともなわない禁止規定として定められている。したがって，その効力の低さは成立当初から問題となっており，改正の議論は成立直後から出ていた。

　そして施行後11年目を迎えた1997年6月，均等法および労働基準法の女子保護規定の改正が成立し，1999年4月より施行された。

　改正された均等法（正式名称「雇用の分野における男女の均等な機会および待遇の確保のための労働省関係法律の整備に関する法律」以下「改正均等法」)）の改正点は，以下のようにまとめられる。

① 従来の均等法では努力義務規定であった募集・採用，配置・昇進が差別禁止規定へと改正された（改正均等法第5条，6条）。

② 新入社員や役職者など，これまで限定的に男女差別を禁止していた教育訓練（均等法第9条）については，OJTを含むあらゆる教育訓練の差別禁止へと拡張された（改正均等法第6条）。

③ 従来の均等法では事業主の同意を必要とした紛争調停が，一方の申請で調停を開始できることとなった（改正均等法第13条）。

④ 募集・採用の差別禁止から定年，退職および解雇の差別禁止までのいずれかに違反している事業主に対して労働大臣が勧告を行い（改正均等法第25条），それに従わない場合は企業名を公表できることとなった（改正均等法第26条）。

⑤ はじめてセクシュアル・ハラスメントに関する条項を盛り込んだ（改正均等法第21条）。

⑥ 職場に残存する男女間格差を解消するために，必要とされる措置に関する計画を作成し実施しようとする事業主に対して，国が援助を行うというポジティブ・アクションが新設されることとなった（改正均等法第20条）。ただしこれは強制ではなく，自発的に取り組むことを期待する内容となっている。

なお，改正均等法とともに1999年4月より労働基準法の一部が改訂され，女性に対する「時間外労働の制限・深夜労働の禁止・休日労働の制限」が廃止された。ただし育児・介護休業法については，男女問わず家庭責任を負う労働者について，事業の正常な運営を妨げる場合を除き，本人の申請により最長6ヵ月間まで深夜業を免除する規定を導入することになった。はじめて男性労働者について深夜業の制限が認められることになったのである。

募集・採用や配置・昇進部分をはじめとした現行の均等法の一部強化は，差別是正に向けた前進として評価できる。しかし，均等法強化と抱き合わせのものとして制定された女子保護規定の撤廃に関しては，成立直後から批判が強く出ている。

2) 均等法および改正均等法における問題点

　女子保護規定の撤廃に関しては，先の均等法成立のさいにも廃止・緩和の改正案をともなっていた。実際に1985年の均等法成立時においては母性保護の一部である産後休業は延長されはしたが，時間外・休日・深夜労働についての女子保護規定は全体として緩和ないし廃止されることとなり，均等法は労働基準法女子保護規定の見直しと抱き合わせのものとして制定されることとなった。

　また，均等法は前述のとおり，「勤労婦人福祉法」の大幅改正として成立したものであるため，「家庭責任は女性にある」といった前提が十分に解消されずに残されてしまった。男女という性にかかわらず労働者が差別をうけることなく働き，職業生活と家庭責任との両立を図るよう推し進められている国際的動向に反し，均等法は女性のみに向けられた片面的法にとどまることになった。雇用平等は男女両性に向けられるべきものであるにもかかわらず，女性の労働条件のみを取り上げることになり，本来の目的であるはずの男女の役割分業を改めていく姿勢に欠ける結果となったのである。

　以上のように，均等法はその内容の不徹底さをはじめ，さまざまな問題を抱えながら成立しており，結局，施行後11年を経て改正に至るまでこれらの問題が引き継がれることになった。

　とりわけ問題となるのは，男女共通規制なしでの女子保護規定の撤廃である。本来であれば，これまでの女性のみを対象にした均等法の片面的性格を見直し，男女問わず労働の現状を見直し両性に共通の労働規制を定めた上で，女子保護規定を撤廃するべきところである。しかし，両性共通の労働規制の具体的方向性も示されないまま女子の保護規定撤廃だけが先行し，男女共通規制が進展する国際的動向とは逆行する結果となった。

　一連の法改正によって実質的に男性の働き方に女性を合わせることになったわけであるが，男女ともに長時間残業や深夜労働に従事することになれば家庭生活との両立は不可能である。実際に家庭責任の多くを担っているのが女性である現状から，結局，女性が家庭生活維持のために正規労働者として働きつづ

けることをあきらめ，非正規労働者へと転向するケースが増えることが予測される。とくに既婚層への影響は多大である。今般の改訂は女性の職場への進出を制限する面ももち合わせ，企業中心社会と呼ばれてきた日本のシステムの維持を図ろうとするものであったとみることができる。

3）育児・介護休業制度の現状

女性の職場進出の一方で少子・高齢化が進展する社会情勢を受け，1992年4月より「育児休業等に関する法律」が施行され，1995年4月にはそれまで規定の適用が猶予されていた常時30人以下の労働者を雇用する事業所を含む，すべての事業所にその適用範囲が広げられた。さらに1995年6月5日には，「育児休業，介護休業等育児又は家族介護を行う労働者の福祉に関する法律」へと大幅改正された。介護休業法に関しても1999年4月1日より施行されることとなった。いずれの法も男女労働者に適用される。当面の問題は，育児・介護休業に対する企業側の態勢にあるだろう。

1993年度ならびに1996年度の「女子雇用管理基本調査」（労働省婦人局，1997）を用い，育児・介護休業制度の実施状況を時系列的に比較し，その導入実態についてみることにする（図表8-2）。

図表 8-2　育児・介護休業制度導入および金銭支給状況（企業規模別）

		育児休業制度		介護休業制度	
	年度	1993年	1996年	1993年	1996年
導入状況	全体	50.8%	60.8%	16.3%	23.2%
	500人以上	95.2%	97.1%	51.9%	68.1%
	100〜499人	72.2%	81.4%	22.5%	32.6%
	30〜99人	45.1%	55.4%	14.2%	20.2%
金銭支給状況	全体	28.1%	16.6%	43.8%	32.6%
	500人以上	46.0%	16.4%	49.0%	27.6%
	100〜499人	32.9%	20.1%	46.9%	30.7%
	30〜99人	25.7%	15.4%	42.4%	33.6%

注）　金銭支給状況は，制度有りの事業所を100%とする
出所）「平成5年度女子雇用管理基本調査」，「平成8年度女子雇用管理基本調査」
　　　(労働省婦人局)より作成

育児休業制度に関してはその導入率は全体で50.8%から60.8%へと伸びており，とくに規模の小さい事業所における導入の伸びはいちじるしい。導入が進展する一方で，金銭面の保障については進展がみられない。育児休業中に会社から金銭支給がある事業所の割合は全体で28.1%から16.6%へと大きく減少しており，とりわけ大規模事業所の低下が目立っている。その理由として，1995年4月より雇用保険から休業前賃金の25%相当額の育児休業給付が支給されるようになったことがあげられるが，それだけでは休業中の賃金保障としては不十分であり，会社側の保障との併用が望まれるところである。法制化により制度が普及する反面，賃金保障などの内容は一部後退を示しているといえるだろう。

また，介護休業制度の導入状況については，導入の傾向がみられるものの当面は努力義務期間であることが影響してか大きな進展はみられず，事業所全体で16.3%から23.2%への増加にとどまっている。また，介護休業中の金銭支給についても育児休業制度と同様に減少の傾向がみられる。しかし介護休業については，内容の充実以前に制度の導入が急務であるといえる。

なお，育児休業・介護休業ともに男女労働者を対象としているにもかかわらず，休業取得者の多くは女性で占められている。育児休業取得者は1993年度で女性が99.8%を占め，男性はわずか0.2%である。1996年度に男性取得者の若干の増加が確認できたとしても，女性は99.2%，男性は0.8%と，わずか0.6%の伸びしかみられない。介護休業についても，1996年度で取得者の81.3%が女性である。男女の賃金格差に加えて，育児や介護が無償労働であったことと，依然こうした労働は女性に課されるものといった社会通念が，休業中の金銭的保障を不十分にさせるとともに，取得者の多くが女性になるという現実をつくりだしているとみられる。男性取得者を増加させるには職場における男女の均等な処遇を進めることと，金銭支給の保障の制度化の双方の進展が必要であろう。

(2) 均等法下の雇用管理と女性活用

1）コース別人事管理制度の導入

均等法の施行に対応して企業側が積極的に取り入れてきた制度として，まず「コース別人事管理制度」があげられる。もともとこの制度は，従業員の高齢化や働く意識の多様化，また，組織の硬直化などに対処するための具体的解決策として生まれたものであり，その対象も主に男性社員であった。しかし均等法施行以降は，企業側にとって均等法対策の具体的処方箋となって，できるだけ女性を幹部候補から除外するための合法的手段として利用されることが多くなった（篠塚，1995，pp.17～72，pp.95～124）。

たとえば，募集・採用について「男性のみ」は違法であるが，「女性のみ」の募集・採用は女性により多くの機会を与えることとなるので適法となってきた。結局，総合職に女性を1人でも入れれば，一般職には男性を入れなくとも均等法には違反しないこととなり，従来どおりの性別管理が維持されてきたのである（林，1990，pp.123～125）。

「総合職」と「一般職」というコース分けは，一見，性に中立的であるようにみえるが，事実上は「男性職」と「女性職」を書き換えたにすぎない。「総合職」を男性の働き方に＜均等＞に合わせるための制度とすることによって，結婚・出産を控えた多くの女性に対して「一般職」へと選択せざるを得ない状況をつくり出した。また，コース選択は事実上「労働条件選択」を意味するものであり，「一般職」を選択して差別的扱いの不当を訴えたとしても，また逆に「総合職」を選択して厳しい労働条件に不安や不満を抱いたとしても，「選択者の個人責任」に転化されるしくみとなっている。こうした状況のなかで採用時に遠隔地への転勤や長時間の残業など厳しい条件を示唆されれば，結婚や出産などの将来的な事態が不確定な状態では，女性は「一般職」を自ら選ばざるを得ない。結局，均等法の対応策としてのコース別人事管理制度が導入されたことにより，均等法施行後も多くの女性が一般職，すなわち従来の女性職にとどまる結果となってきた。

1999年より施行される改正均等法では，コース別人事管理制度に関してはとくに規定を設けていないが，女子のみの採用区分については禁止している。これによって男女の職域分離是正への一歩前進が期待できるかもしれない。

2) 非正規従業員の活用

均等法対策として企業が導入したもうひとつの方法は，パートタイム労働や派遣労働などの非正規従業員のいっそうの活用である。

非正規従業員層は年々増えつづけ，女性雇用者に占める短時間労働者の割合は1992年には30.7%と3割を上回り，企業側の依存度は高い。パートタイム労働の場合，子育て終了後にあたる40歳台の中年既婚者層を中心に構成されているが，近年増えてきた派遣労働は20歳台の若年層が中心であり，非正規従業員層は年齢構成に広がりをもつようになった。

コース別人事管理制度を導入して女性を総合職と一般職に振り分ける以上に，均等法を回避する手段としてはパートタイム労働者や派遣労働者の活用の方が安易で有効である。核となる正規従業員をできるだけ絞り込み，あとは非正規従業員でまかなうといった方法が多く取り入れられるようになった（竹中，1989，pp. 285〜357）。

コース別人事管理制度の導入実態および非正規従業員の活用実態をみると，コース別人事管理制度の導入については，全体では導入企業はわずかに 4.7%にすぎないが，企業規模別にみると1,000〜4,999人規模の場合，34.3%が，5,000人以上になると52.0%が導入しており，大企業ほど当該制度の導入率が高い（労働省婦人局，1996）。一方，パートタイム労働者や派遣労働者を含む女性非正規従業員の活用状況をみると，従業員数1,000人以上の企業の場合22.3%であるが，従業員数が少なくなるほどその割合は増し，100〜299人規模では34.1%，30人未満になると44.1%が非正規従業員で占められている（労働大臣官房政策調査部，1996）。

このように企業規模が大きいほど均等法の回避手段としてはコース別人事管理制度を導入し，企業規模が小さいほど非正規従業員の活用を取り入れており，

企業規模にそれぞれ適した雇用管理体制をとってきたといえる。

ただし，前述のとおり改正均等法ではコース別人事管理制度において，女子のみの採用区分が禁止されることから，今後ますます非正規従業員の活用が増すことが見込まれる。

3)「女性活用」の実情

「平成 7 年度女子雇用管理基本調査」(労働省婦人局，1996) をみると，「女性の活用を必要」と考えている企業は66.4％と 6 割を超えており，「女性活用」についておおむね企業側は前向きな姿勢を示しているといえよう。しかしその一方で，同調査において女性活用の問題点については，「女性の勤続年数が平均的に短い」を46.6％ともっとも多くあげており，次いで「家庭責任を考慮する必要がある」の37.7％がつづいている。

「勤続年数の短さ」は職場における女性の処遇に深く関係している問題である。育児休業等諸制度の充実が女性の勤続年数を伸ばすという分析結果（日本労働研究機構，1996) や，仕事の満足度が勤続意思を高めるという報告（日本労働研究機構，1992) もあり，勤続年数が短いのは一方的に女性側の問題とはいいきれない。また，「家庭責任の考慮」は女性に限らず，本来であれば男女両性に向けられねばならない問題である。したがって，家庭責任は女性が一方的に担うものという企業側の認識が問われるところであり，また，こうした回答は家庭生活を犠牲にするような働き方が活用の条件となっていることをも示唆している。

均等法施行後,「女性の活用」というタームが頻繁に使用されるようになった。しかし実情は，女性の均等な扱いの社会的要請に押されつつも，企業側は従来，男性が強いられてきたような家庭を犠牲にする働き方を改善しようとする姿勢はとぼしく,「女性の活用」は家庭責任を除外した働き方を前提とするか，それ以外はパートタイム労働や派遣労働などの非正規従業員としての活用を含意したものといえる。

3. 女性労働の変革に向けて
(1) 職域の拡大と熟練化

　さまざまな問題点を抱えながらも，企業の女性労働力への依存度は高まりつつある。また，従来，男性の職域とされていた領域にも積極的に女性を登用したり，これまで見過ごされてきた女性の特性を生かすような職域を設けることによって事業の拡充を行う企業もでてきた。そこで女性の登用について先駆的な事例を取り上げ，今後の展望も含め検討していくことにする。

　大手宅配便会社A社では，女性労働力を積極的に導入し，これを事業展開の支柱にしている。1994年現在女性が全従業員の24％を占める同社は，今後女性比率を50％まで引き上げる目標をもっている。男性の職域とされていた領域に女性を積極的に導入し，1,000名を超える女性ドライバーが正規従業員として配置されている。また，宅配業務と並行して行っている引越し業務においては，とくに既婚女性を積極的に活用している。引越し作業の監督・管理を受けもつ「引越しバイザー」には正規従業員300名が，作業要員としての「引越しヘルパー」にはパートタイム従業員900名がそれぞれ配置されている。いずれも「主婦感覚を生かす」ことによってサービスの向上をめざして新たに設置された職域である。

　ドライバーも引越し業務も熟練を必要とする職種であり，同社は，正規・非正規に関係なく作業に習熟した従業員を確保することを重要課題としている。パートタイム従業員を含めて長期勤続化を図り，とくに長期勤続パートタイム従業員は契約社員として処遇するなどの措置を講じている。

　また別の事例として，大手自動車メーカーB社では，従来は，男性職域とされていた製造現場に女性技能員を積極的に入れ，1992年では11名だった女性技能員は1995年には128名にまで増員された。

　技能員は熟練を要する業務であり，長期勤続化の推進が増員の前提にある。職場環境の整備から心理面のサポートまで，女性従業員に対してあらゆる方面

で改善・支援を行い定着化を推進している。また,「男女同一条件で業務遂行してもらうには現行の交代制を見直す必要がある」として,女性を単に男性の働き方に適応させるだけではなく,女性の定着化のために男性も含めた労働条件の改善を行おうとしている姿勢は,今般の均等法改正の議論に照らし合わせて考えると,とくに先駆的といえるだろう。

2つの事例はともに女性の職域の拡大と熟練化を示しており,熟練を要する職域への女性の配置は,女性の熟練化を促すだけでなく長期勤続化の可能性をもっている。

また,熟練労働力として要求されているのは正規従業員ばかりではなく,パートタイム従業員も同様である。パートタイム労働の熟練化は,パートタイム従業員を従来の単純労働から解放し,自律的な判断と自己裁量権を広げ,仕事に対する満足度を高める側面をもつ。このことはパートタイム従業員の定着化を促し,また,多様な雇用形態のニーズと結びつくことによって,今後,女性労働のなかでもますます重要な位置を占めていくことと思われる。

(2) 働き方の開拓と主婦としてのキャリアの活用

女性労働の現状の厳しさから,女性自らが働く場を開拓しようという動きも活発化してきた。とくに,子育て終了後の再就職先の多くがパートタイム労働に限定されることから,それに満足できず起業するケースや,主婦としての経験を有償化させようとするケースなどが,1980年代以降徐々にみられるようになってきた。その動機づけは多様ながらも,企業社会の枠外における立場からの働きかけは,女性労働のみならず労働の現状全般を見直す視点を提供してくれる。ここで2つの事例を取り上げ,検討してみることにしよう。

調査・編集・出版を主な事業としている都内C社は,出産・育児後の再就職が滞っていた既婚女性たちが1981年に共同出資してはじめた共同経営事業体である。メンバー10名以下という小規模ながら,組織理念として「経済的自立を目指し,自分たちにとって働きやすい職場づくり」を掲げ,フレックスタイム

制,在宅勤務という就労形態をとっている。組織としてのヒエラルキーはなく対等な関係性と個人の裁量権を最大限に発揮できる分業体制になっている。このような就労形態や分業体制をとることによって,家庭生活と職場生活の両立が図られる。つまり家庭と職場の比重をその時々の状況に合わせて可変的にし,柔軟に対応できる態勢をつねにとろうとするものである。

既存の企業において問題とされている職場と家庭の分断化や,家庭を犠牲にするような従来の男性的な働き方を見直し,家庭生活と職場生活を同一線上にとらえる視点を,C社は働き方の基本姿勢に導入した。予測不可能な生活の変化に対応できるようなフレキシブルな態勢をとることで,家庭と職場の間の均衡をとることを実現させた事例といえるだろう。

また,東京郊外にあるワーカーズ・コレクティブD社では,農産物加工品や惣菜・弁当の製造販売を主な事業内容とし,主婦経験を直接に事業として生かし,地域密着型の事業展開を試みている。1996年現在で正規メンバー14名,パートタイム労働者8名で運営されている。地元産の材料を使用し,生産から販売まで地域内流通を意識した事業展開をしている。

事業内容や事業展開の方針は,各メンバーの主婦としての経験を生かしたものである。自宅の台所で行ってきた無償労働を有償労働に転化させ,主婦の経験に基づいた視点から消費者＝生活者のニーズをとらえて,これを事業に反映させているところに特徴がある。就業形態は仕事の性質上,前述のC社のような柔軟な態勢をとることはできないが,就労に反映されることのなかった主婦としての経験や視野を有償労働に結びつけたという意味で,意義が大きい事例といえる。

女性による起業の動きは,既存の企業における労働のあり方や女性労働力の活用内容について検討を促す視点を与えてくれる。家庭生活と職場生活の分断化は,男性を無条件に職場にとどまらせておき,女性には二者択一的な選択を迫りながらも家庭へと追いやってきた。これに対して起業による女性の働く場づくりは,女性のみならず労働者が家庭生活を犠牲にせず働くことのできる環

境や労働条件を実践面で示そうとしている。また,個別家庭内で行われてきた家事労働に光を当て,見落とされがちな主婦のもつキャリアの可能性をも示そうとしている。先の大手宅配便会社A社の事例でも,主婦としての経験が顧客サービスの向上に有効とされ積極的に活用されており,市場においても家庭内で培われてきたキャリアの見直しが今後より重要になってくるものと思われる。

4. おわりに

女性労働は,景気の変動と密接にかかわりをもってきた。均等法が施行された年は,のちに「平成景気」と呼ばれる大型景気を迎えた年であり,景気上昇とともに女性の職場進出の勢いも増したかのようにみえたが,その後のバブル崩壊と景気の低迷においては均等法の効力もいっそう問われるところとなった。さらに今般の均等法改正は景気低迷期の影響を受けた結果となり,女性の労働環境はより厳しさを増したのは確かであろう。

しかし,事例にみたように,パートタイム労働を含めて女性の活用が,単に数の上だけでなく熟練化・定着化という実質をともないはじめており,また,起業という形で従来の組織原理にこだわらず働く場を開拓する動きが女性側にもみられはじめている。

これまで女性は終身雇用・年功序列に代表される日本的雇用慣行の枠外に置かれてきたこともあり,労働に対して男性とは異なる価値志向が形成されてきた。専門家志向は男女問わず若年層に高くみられるが,とくにその傾向は女性にいちじるしく,また,働く上で仕事内容を重視する志向についても女性が男性を上回る結果が出ている(経済企画庁,1997)。

一方,企業側はさまざまな経営環境の変化に対応すべく,組織運営,人材活用におけるフレキシビリティの重要性がますます問われてきている。勤務形態および労働時間の多様化や労働力編成の弾力化・多様化は,経営サイドにとって有効な手段であるばかりでなく,働く側,とりわけ女性側からのニーズも高

い。生産性と従業員の満足度双方にかかわる重要な点である。

　専門性や仕事内容を重視する女性の価値志向は，今後の経営に必要な戦略とされるフレキシビリティと整合的な要素であり，従来の組織原理にとらわれず，個人の裁量や自律性をいっそう促し，組織の硬直的な体制を変革する可能性をもつ。また，フレキシブルな労働は労働条件の改善さえ進めば，女性に限らず家庭と労働の双方の責任を担う個人の今後の働き方としてますます重要な位置を占めていくことであろう。

引用・参考文献
赤松良子(1985)『詳説　男女雇用機会均等法及び改正労働基準法』日本労働協会
浅倉むつ子(1997)「セカンド・ステージを迎える男女雇用平等法制」『ジュリスト』
　　1997年7月 No.1116, 有斐閣, pp. 51～57
ブラウナー，R. 著，佐藤慶幸監訳（1971）『労働における疎外と自由』新泉社
原ひろ子・大沢真理編（1993）『変容する男性社会――労働・ジェンダーの日独比較
　　――』新曜社
林　弘子(1995)「男女雇用機会均等法10年と今後の課題」『ジュリスト』1995年11月
　　No.1079, 有斐閣, pp. 4～15
林　弘子(1990)「男女賃金差別の現行法制の限界と矛盾」『季刊労働法』秋号, 総合労
　　働研究所, pp. 123～125
廣石忠司(1995)「企業における雇用管理の実態」『ジュリスト』1995年11月 No.1079, 有斐
　　閣, pp. 23～30
本間重子(1995)「『労働力流動化』と女性労働者――男女雇用機会均等法10年から2000
　　年へ――」『賃金と社会保障』No.1146, 労働旬報社, pp. 10～16
石田英夫編(1986)『女性の時代――日本企業と雇用平等』弘文堂
自動車産業経営者連盟（1995）『自動車関連製造業　産業雇用高度化推進事業モデル事業事
　　例集』
鎌田とし子編(1987)『転機に立つ女性労働――男性との関係を問う――』学文社
川口和子(1997)「均等法改正と女子保護規定撤廃をどう見るか」『賃金と社会保障』
　　1206号, 労働旬報社, pp. 4～10
「経済」編集部編(1990)『「経済大国」日本の女性』新日本出版社
経済企画庁（1997）『平成9年版 国民生活白書』大蔵省印刷局
基礎経済科学研究所編(1995)『日本型企業社会と女性』青木書店
国際女性の地位協会編(1992)『女子差別撤廃条約注解』尚学社

中島通子(1997)「改正均等法・労基法をどう生かすか――働く女性の立場から――」『ジュリスト』1997年7月 No.1116, 有斐閣, pp. 58～65
中村　恵(1994)「女子管理職の育成と『総合職』」『日本労働研究雑誌』1994年9月 No.415, 日本労働研究機構, pp. 2～12
中野麻美(1997)「男女雇用機会均等法改正の論点」『法学セミナー』1997年8月号, 日本評論社, pp. 16～19
日本労働研究機構 (1992)『女性従業員のキャリア形成意識とサポート制度の実態に関する調査』
日本労働研究機構 (1996)『育児休業制度等が雇用管理・就業行動に及ぼす影響に関する調査研究』
(社) 日本物流団体連合会 (1994)『物流業界における女性労働力の活用のための調査研究』
(財) 21世紀職業財団 (1994)『構造変化の形成――女性の役割――』(OECDハイレベル専門家会合報告書)
西山美瑳子(1988)「女性労働者と複線型人事管理, 柔軟な労働生涯について」日本社会学会『社会学評論』第39巻 3号 No.155, pp. 22～37
大森真紀(1990)『現代日本の女性労働――M字型就労を考える――』日本評論社
大沢真知子(1995)「日本的経営と男女雇用均等法」『ジュリスト』1995年11月 No.1079, 有斐閣, pp. 16～22
大沢真理(1993)『企業中心社会を超えて――現代日本を〈ジェンダー〉で読む――』時事通信社
労働大臣官房政策調査部編 (1996)『就業形態の多様化に関する総合実態調査報告』大蔵省印刷局
労働省婦人局 (各年)『女子雇用管理基本調査』
社会保障研究所編(1993)『女性と社会保障』東京大学出版会
篠塚英子(1995)『女性が働く社会』勁草書房
ソコロフ, N. 著, 江原由美子・藤崎宏子・岩田知子・紙谷雅子・竹中千香子共訳 (1987)『お金と愛情の間――マルクス主義フェミニズムの展開――』勁草書房
高橋久子(1983)『変わりゆく婦人労働――若年短期未婚型から中高年既婚型へ――』有斐閣
竹中恵美子(1989)『戦後女子労働史論』有斐閣
竹中恵美子(1995)『女性論のフロンティア』創元社
竹中恵美子・久場嬉子編 (1994)『労働力の女性化――21世紀のパラダイム――』有斐閣
津田真澂(1987)「新二重構造時代は到来するか」『日本労働協会雑誌』1987年1月 331号, 日本労働協会, pp. 33～43

富田安信(1993)「女性の仕事意識と人材育成」『日本労働研究雑誌』1993年6月 401号,日本労働研究機構,pp.12〜21

山田省三(1997)「女性保護規定撤廃をめぐる課題」『法律のひろば』Vol. 50 No.8,ぎょうせい,pp.12〜18

山岡煕子・筒井清子(1991)『国際化時代の女子雇用』中央経済社

山岡煕子(1995)『新雇用管理論』中央経済社

安枝英訸(1997)「雇用機会均等法・労働基準法の改正と概要」『ジュリスト』1997年7月 No.1116,有斐閣,pp.39〜50

第9章
非営利組織の機能と働きがいの創出

はじめに

　機械化・技術革新そしてME化の進展は，あらゆる産業に浸透し，産業構造の変化を急速に促進し，労働の形態，雇用構造，くらしの様相を変えるに至った。就業形態の多様化現象が生じる要因は，ここ10年間を通じての産業構造および雇用構造の状況変化にあることはいうまでもなく，労働白書（1998）において指摘される自律した働き方の選択と職業意識の変化があげられるであろう。つまり，個人が集団・組織に埋没せしめられ，私が公に滅せられるといった状況から，集団・組織のなかで個人がそのもつ能力・役割において，いわゆる「職業」人としてとらえられるというあり方への変換が起動し始めたといえるであろう。

　私的・個人的自由を求める価値観・社会的意識の醸成に関しては，連合総合生活開発研究所が調査を行った「労働者の生活関心の所在」の項目に如実に現れている（連合総合生活開発研究所，1997）。ボランティア意識の芽生えは，鷲田が指摘するように，職務が分割された組織のなかでの，その部分としての自分の仕事（ジョブ）から一度離れて働いてみたいという願望に由来するといえる（鷲田清一，1996）。

　自律した働き方の選択と私的・個人的自由を求める価値観・社会的意識に根ざす就業意識の変化そしてボランティア活動志向に対応する新しい社会的労働の場として昨今注目されているのが，非営利組織（Non-Profit Organization：以下，NPO）である。しかしながらNPOへの期待の大きさに反してその定義は曖昧なままである。この章においては，まずNPOの定義や要件とされる事項について整理し，次いでNPOの意義そしてその可能性を探る。

1. NPOとは何か

　こんにち，NPOに関する定義としてもっとも一般的なものは，サラモン（L. M. Salamon）により提起されたものである。サラモンらは，NPOに関する国際比較研究を可能とするために，①フォーマルな組織であること（公式性），②非政府性，③非営利性，④自己統治性，⑤自発性といった機能特性をそなえた組織をNPOとしている（サラモン他，1996，pp. 2～32）。NPOを理解する場合，とくに重要なのが非営利性と自発性である。文字どおり非営利組織の呼称は，この非営利性からきている。非営利性とは，当該団体が活動の結果得た経済的余剰をその出資者の間で分配できないこと（利益の非分配拘束）を，組織運営の原則としていることを指している。

　ここでいう利益の非分配拘束とは，非営利組織の経済的定義として，現在，広く採用されている概念であり，「収入から費用を差し引いた純利益を利害関係者に分配することが制度的にできない」ことを意味する。非営利と営利の違いはどこにあるのかといった場合，この点にその違いを求めるのが通説となっている。非営利であれ営利であれ，その経済的活動から獲得される剰余は存在してかまわないが，その剰余（純利益）を利害関係者（とくに出資者）に分配できない組織が，非営利組織である。分配されない剰余は当該組織の活動の拡大のために再投資されたり，将来の再投資のために内部留保されると想定される（山内，1997，pp. 87～88）。

　加えて，出資者の組織運営に対する意思決定権が平等だという点にも注意する必要がある。通常のビジネス組織などでは，出資者は出資額の比率に応じて意思決定に参与し，利益の分配を受けるが，NPOにおいては通常，出資と利益分配が切り離され，かつ意思決定への参与が平等である。また，これらの組織は市民の自発的参加によって成り立っていることが多いが，この自発性（ボランタリズム）をクローズアップする場合，「市民活動団体」と呼ばれる。

　したがって，さしあたりNPOを，①個人の自発性に裏づけられた参加者に

よって担われ，②たとえその活動が経済的活動をともなっていてもその組織運営原理がビジネス組織のそれとは異なる，民間組織であると理解しておくこととする。

(1) アメリカ非営利セクターの種別

アメリカにおいて，具体的にNPOの存在を把握する場合，大きく2つのとらえ方がある。ひとつは，その非営利性ゆえに税法上免税の取り扱いを受ける法人団体すべてをNPOとするものであり，いまひとつは，さらにその範囲をせばめて，内国歳入法の適用を受けて，それらの団体への寄付金までもが所得税控除の対象となる特典を与えられた団体をNPOとするものである。なお，内国歳入法による免税団体の取り扱いは，当該団体の活動実体に照らして審査されるものであり，わが国の公益法人のように法人としての認可と免税などの特典の付与とが一体的になされるものではなく，非営利法人自体の設立に関してわが国のような厳しい規制は存在しない。これは，憲法により保障される集会・結社の自由を最大限に尊重するアメリカの基本精神に基づいている。

内国歳入法によって定義される免税団体の範囲は広範であり，さまざまな種類の組織活動がその対象となっている。その種類と団体の数は，図表9－1に示されているとおりである。501 (c)(3)，(c)(4)，(c)(1) は公益団体グループ (public benefit organization) と呼ばれ，それ以外は共益団体グループ (mutual benefit organization) と呼ばれる。免税団体のうち宗教，慈善団体および社会福祉団体が全体の6割を構成しており，残りの4割を労働組合や社交団体，企業団体，学生共済会，退役軍人団体などが構成していることがわかる。さらに図表9－2に示されているとおり，税法上の取り扱いからみれば，公益グループは大きくパブリック・チャリティー，プライベート財団，社会福祉団体などのアドボカシー団体の3つに分類される。

パブリック・チャリティーは，501 (c)(3) 団体のなかでも，「公益増進団体」としてこれらの団体への寄付が所得税控除の対象になる団体であり，いわゆる

図表 9-1 アメリカ免税団体の構成 (1990年)

租税条項	免税組織のタイプ	団体数	構成比%
501 (c) 1	立法措置によって成立した法人	9	0.0
501 (c) 2	所有権保有会社	6,278	0.6
501 (c) 3	宗教, 慈善等	489,882	47.8
501 (c) 4	社会福祉	142,473	13.9
501 (c) 5	労働, 農業組織	71,653	7.0
501 (c) 6	企業団体	65,896	6.4
501 (c) 7	社交とレクリエーションクラブ	62,723	6.1
501 (c) 8	男子学生共済会	100,321	9.8
501 (c) 9	ボランティア従業員共済会	14,210	1.4
501 (c) 10	国内男子学生共済会	18,350	1.8
501 (c) 11	教師退職基金	10	0.0
501 (c) 12	共済生命保険協会	5,873	0.6
501 (c) 13	共同墓地会社	8,565	0.8
501 (c) 14	消費者信用組合	6,352	0.6
501 (c) 15	相互保険会社	1,137	0.1
501 (c) 16	農業融資会社	19	0.0
501 (c) 17	補足的失業給付基金	667	0.1
501 (c) 18	従業員年金基金	8	0.0
501 (c) 19	退役軍人団体	27,460	2.7
501 (c) 20	法律扶助団体	197	0.0
501 (c) 21	黒肺塵症基金	22	0.0
501 (d)	宗教および伝道団体	94	0.0
501 (e)	医療協同組合	76	0.0
501 (f)	教育協同組合	1	0.0
521	農業協同組合	2,372	0.2
合 計		1,024,648	100.0

注) アメリカ税法には, 非営利団体として連邦所得税の免除を申請できる項目が26以上もある。相互保険会社, ある種の協同組合, 労働組合, 経済団体等も慈善活動や教育機関と同じように, 免税団体とみなされる。くわしくは, L.M.サラモン『米国の「非営利セクター」入門』ダイヤモンド社, 1994年を参照されたい。

出所) Hodkinson. Virginia A,et,al.,Nonprofit Almanac 1992-1993,1993,p.24.

第9章　非営利組織の機能と働きがいの創出　169

図表 9-2　アメリカ非営利セクターの輪郭

非営利セクター

公益団体	共益団体
501 (c) (1)，(c) (3)，(c) (4) の団体から構成される	(c) (1)，(3)，(4) 以外の全て

課税取り扱い上の分類

(1) パブリック・チャリティー
　　この団体への寄付金は所得税控除の対象となることが唯一認められている団体
　　①政府系非営利組織　　②宗教，教育，医療・医療研究，学術など
　　③コミュニティ財団　　④博物館，図書館，劇団，アメリカ赤十字など
　　⑤パブリック・チャリティー後援団体　　⑥公共安全試験団体

(2) プライベート財団
　　①独立財団　　②企業財団　　③事業財団
(3) アドボカシー団体

機能的分類

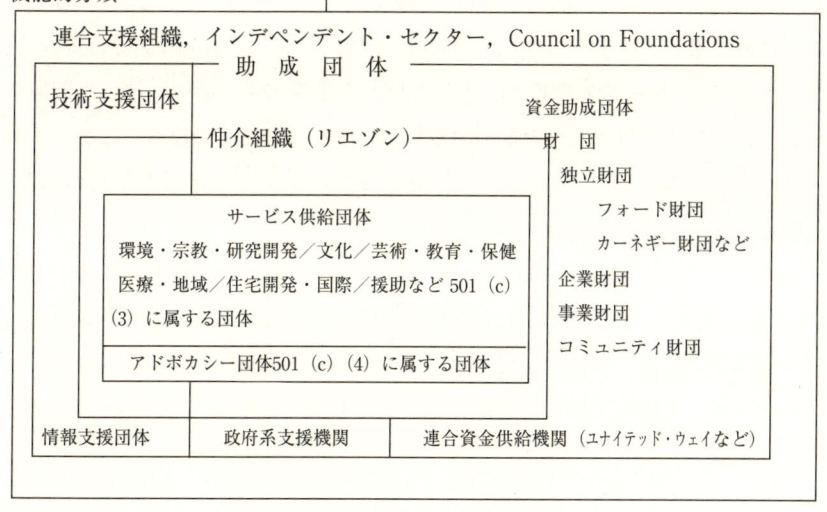

連合支援組織，インデペンデント・セクター，Council on Foundations
　　　　　　助成団体

技術支援団体

仲介組織（リエゾン）

サービス供給団体
　環境・宗教・研究開発／文化／芸術・教育・保健
　医療・地域／住宅開発・国際／援助など 501 (c)
　(3) に属する団体

アドボカシー団体 501 (c) (4) に属する団体

資金助成団体
　財団
　独立財団
　　フォード財団
　　カーネギー財団など
　企業財団
　事業財団
　コミュニティ財団

| 情報支援団体 | 政府系支援機関 | 連合資金供給機関（ユナイテッド・ウェイなど） |

準公共財を提供する民間組織として，一般的にNPOとイメージされているものである。

また，501（c）(3) 団体のなかでも，パブリック・チャリティー以外の団体としてプライベート財団が位置づけられている。この財団には通例，独立財団（フォード財団，カーネギー財団，ロックフェラー財団など），事業財団（21世紀財団，ポール・ゲッティ財団〔美術館運営〕など），企業財団，コミュニティ財団の4種があるとされているが，コミュニティ財団をのぞき，一括してプライベート財団として分類されている。

さらに，アドボカシー団体は，「社会問題の所在を指摘し，問題解決の方法をさまざまな形で訴えて，現実に社会を変えていこうとする」団体であり，そのために「法律制定や政策提言といった政治活動と，一般の人びとの理解をえるための活動」を行う団体である（サラモン，1994，pp. 33～74）。一般に，パブリック・チャリティーの団体はロビイングのような政治活動が禁止されているといわれているが，「団体の目的を達成するために必要な法律制定に向けた啓発活動やロビー活動は行うことができ，NPOの主要な活動となっている」（小野，1993，pp. 68～69）。また，NPOの活動にとってアドボカシーは切り離しがたい活動であるとして，「サービスの提供者は，サービス活動の限界に気づく」ことにより，「サービスを必要とする人びとを生み出す社会や，彼らの問題に対応できない政府や企業への批判的な精神も醸成することになる。これが，サービス主体のNPOがアドボカシーに関わっていく大きな要因だと思われる」とする見解もある（柏木，1992）。

リエゾン（仲介組織）とは，各種の支援団体と現場で活動する非営利組織（草の根レベルを含む）とを仲介し，適切な支援が活動団体に提供されるようにする団体のこと，または，そのような活動のことを指している。いわゆる，コーディネータ的役割をする団体とその活動を指す（鈴木，1992，pp. 19～21）。

第9章 非営利組織の機能と働きがいの創出 *171*

(2) アメリカ非営利活動の担い手

　NPOは必ずしもボランティアによってのみ担われるものではないが，主要な担い手がボランティアであることは間違いない。まして，ボランタリーな小規模NPOが数の上で圧倒的多数であることを考えるとき，ボランティアの数とNPOの数の間には相当の相関性があると考えるのが妥当だろう。

　こうしたボランタリー活動の担い手の広がりとともに，ボランティアの動機も変遷してきている。アメリカ史の開闢においては，コミュニティの義務と不可分な自治活動的なものが動機づけの中心だったが，産業化の時代に入ると，一部の富裕層による慈善的マインドが主たる動機づけとなる。その後，1960～70年代に入ると，社会改革的な考え方がボランティアの主たる動機として登場した。基本的にこんにちでも，この社会改革的な動機が主流を占めているが，新たな現象としてキャリア・アップという動きが現れている。この最後の動機づけは，NPO活動が既定の事実と認定されていること，およびNPO活動の社会的比重が増してきたことと無縁ではなかろう。このような動機の変遷は，またNPOの発展の歴史とも深くかかわっている。

2. 非営利セクターの発展の歴史

　アメリカにおけるNPOの歴史は古く，その起源は植民地時代にさかのぼる。その発展の全軌跡を統計的に把握することは困難であるが，アメリカのNPOには大きく分けて3つの世代があるといわれている。

　第1は，主たる担い手が富裕なWASPである，教会，学校，病院，文化団体などの伝統的な確立されたNPOである。第2は，1970年代以降急速に増加した，白人中間層や有色人種を担い手とする「草の根の社会改革型」NPOである。それは，1970年代以降の急速なNPOの増大によって生みだされたものである。そして最後に，80年代以降に現れた，情報や地域開発など新しい社会サービス分野におけるベンチャー事業家タイプやリエゾンと呼ばれるNPO支援組織（Management Support Organization）などがある。こうした「アメリカ

図表 9-3 NPO総数と新規参入の推移

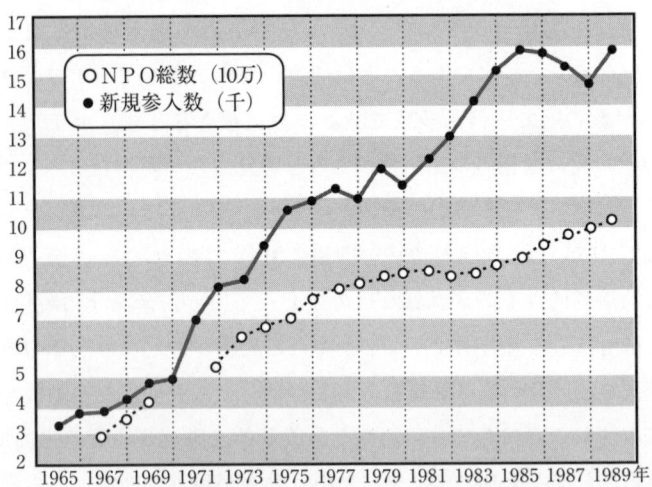

○NPO総数（10万）
● 新規参入数（千）

出所）Bowen,William,et.al.,The Charitable Nonprofits, 1994 p.250および
Weisbrod.Burton A.,Nonprofit Economy, 1988 p.169より作成

NPOの3世代論」は，NPO活動の発展を歴史的に把握するさいに主要な視点を提供するだけでなく，NPO活動の多様性をとらえるさいに重要な貢献をするであろう文化論的世代論に，貴重な素材を提供している（伊藤，1997，pp.5～21）。

　図表9-3は，1965年以降のNPO数および新規参入数の推移を示している。図表から明らかなように，1970年を境に大きな変化がみてとれる。新たに設立されるNPO数は65年から70年までは約1.5倍になったにすぎないが，70年以降急速に増加し，75年までには約2倍，85年までには約3倍に増加している。65年からみれば，85年のそれは約5倍になっているのである。同時に，NPO総数もこの期間に約3倍となっている。新規参入数と総数の増加率の違いは，新たに設立されたNPOの多くが短命であることをあらわしている。しかし，たとえそうであっても，そうした活動の活発化がわずか20年という短い期間にNPOの数を3倍にしたのは驚くに値する。1970年を境に急速に増加したこれらのNPOは，いまや広範な階層の人びとによって担われているのである。ボ

ランティアの広がりとNPO数の増加との相関性を統計的に実証することはなかなか困難であるが，リーダーの9割をボランティアによって賄っているNPOが，その数の増加をボランティアの広がりによることなく達成できたとは考えにくいだろう（時井・上田，1998）。

実際，『文化の消費者』のなかでアルビン・トフラー（Toffler, A.）は，1960年代の「芸術の大衆化」とともに非営利の文化伝達団体の急速な増加が起こり，影響力の行使がひとにぎりのエリート層から，それらの「ゆとりある新中間層」にシフトしたことを明らかにしている。文化の消費者の半数を占める教育関係者，科学者，医療関係者，弁護士・裁判官，会計士・監査役，その他（聖職者，看護婦，医療技師等）といった新中間層が，文化・芸術非営利団体の新たな中心的担い手として登場してきたのである。このことは，NPOの増大がその担い手の広がりとかなりの相関をもつことを示している。無論，この分野における当時のボランタリー活動の中心的担い手が，白人の高学歴者に限られていたことはトフラーも強調しているところである（トフラー，1997，pp.65～81）。

以上のことから，アメリカ非営利セクターが，1970年前後を境としてその担い手を富裕な白人層から新中間層（とくにベビーブーマー）へと拡大し，さらに黒人などのマイノリティーへと拡大してこんにちに至っているものと推察される（時井・上田，1998）。そして，1970年代以降の非営利セクターの発展を支えた背景は，ボランティア・アクションについてのアメリカの精神的伝統もさることながら，それを支える社会環境の変化がもっとも大きな影響を及ぼしたと考えるべきだろう。たとえば，トフラーのいう「文化の消費者」としての新中間層は，現代産業社会がその必要から生み出したものである。では，その後の一層の担い手の広がりは何が生み出したのか。さしあたり，2つの要因を考えることができよう。ひとつは，アメリカにおける福祉国家の展開であり，いまひとつは情報公開法のような市民参加の条件への法制度面からの支援がある。

3. 日本におけるNPOの現状と課題

　わが国には包括的な非営利法人制度はなく，政策目的に応じた個別の法人が多数並立するため，既存の法人制度で日本のNPOをとらえることは非常にむずかしい。そこで，わが国でも通常，国際比較プロジェクトによるとらえ方でNPOの実態を把握することが試みられている。しかし，このとらえ方では，営利性の強い医療法人や，政府の規制がきわめて強い学校法人が含まれてしまい，こんにち求められているNPOの実態を反映するものではない。

　このため，既存の法人制度にとらわれず，また国際比較プロジェクトの定義や基準にもこだわらず，とくに政府や業界からの独立性を重視して，独自に「市民活動団体」としてとらえる動きが出てきている（総合研究開発機構，1994）。この概念を既存のセクター概念や法人制度と対比してまとめると，図表9－4に示されているとおり，市民活動団体は，民間任意団体を中心に，民法法人，社会福祉法人，消費生活協同組合の一部を含む領域にわたっているといえる。

　この定義に従い，わが国のNPOの組織・運営・活動面の特徴に関して，東京都や日本ネットワーカーズ会議の行った調査報告書を参考に要約すると，以下のようになる（東京都政策報道室『行政と民間非営利組織』1996，日本ネットワーカーズ会議『非営利団体と社会的基盤』1995）。

　まず，設立の時期は，任意団体については，最近の10年間に設立された比較的新しい団体が半数近くを占めるのに対し，公益法人は1970年以前の設立が半数を占める。また，80年代後半から各地域で展開されている活動は，環境，福祉，教育，まちづくり，地域おこし，自治，差別撤廃，人権，平和，消費者など，多様なテーマで着実に広がっている。その担い手も，地域の女性たちはもとより，自治会や町内会関係者，商店街・市場の人びと，中小の企業家層，生活協同組合員や職員，自治体職員，会社員，労働組合員，大学など学校関係者，その他さまざまな市民グループときわめて多種多層である。団体設立の経緯としては，ある種の価値観や理念を共有する人たちが，その実現のために集まっ

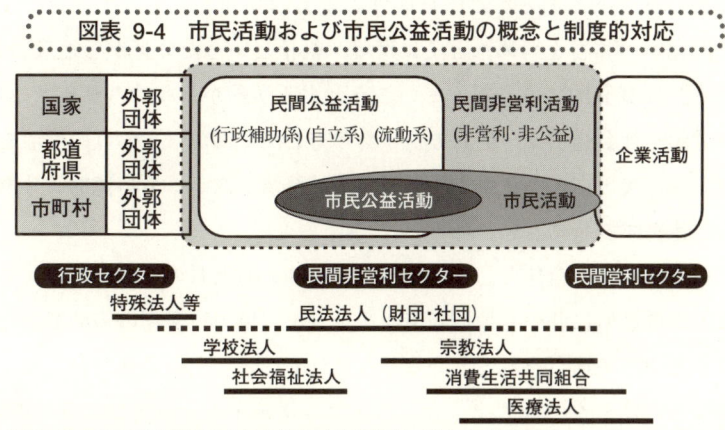

第9章　非営利組織の機能と働きがいの創出　175

図表 9-4　市民活動および市民公益活動の概念と制度的対応

行政セクター	民間非営利セクター	民間営利セクター
国家／外郭団体　都道府県／外郭団体　市町村／外郭団体	民間公益活動（行政補助係）(自立系)(流動系)　民間非営利活動（非営利・非公益）　市民公益活動　市民活動	企業活動
特殊法人等	民法法人（財団・社団）　学校法人　宗教法人　社会福祉法人　消費生活協同組合　医療法人	

出所）総合研究開発機構『市民公益活動基盤整備に関する調査研究』1994年

てできる場合が多く，「価値観集団」としての特性をもつことが指摘されている。

　活動の方向性は，1980年代の高度消費社会を生活者の視点から見直す動きであり，住民自身の意思を生かした地域社会経済システムの自律的・分権的な再編により，人びとみずからの生活と生活設計を具体的に描きだしていこうとする試みとも語られている。このような活動には，いわゆる平等・公正の論理に基づく画一的な公共性とは異なり，多様な公共性のあり方がみてとれる。これにより，現在の生活や地域社会において，個別化され分断化される傾向にある人間関係やコミュニティの再構築も期待されている。それゆえ，これらの活動は行政補完的な活動では決してない。その点も含めて，昨今ではこうした活動を，「市民活動」さらには「市民公益活動」と呼ぶようになってきている。

　新しいタイプの「市民活動」を含むボランタリー活動は，人びとの自発性・自律性・創意に基づき社会的なイノベーションを進めるという重要な役割を担いうる可能性を保持している。つまり，企業や行政によっては実行不可能な社会的な試みや，多様で多元的な価値を実現する，建設的な提言やパートナーシップに基づく活動によって，よりフレキシブルな社会を創造する大きな可能性

をもつということである。この可能性の現実的動向として,さまざまな事業化・専門化への移行を含め,とくに環境・福祉といった分野から地域おこし,まちづくりに継続的に取り組んでいこうとする活動がみうけられる。これは,現在の労働や社会経済システムの質・あり方と深く関わっており,生活を地域から問い,住民・市民の意思を生かした地域経済システムの自律的・分権的な再編へと連動する胎動と思われる。

　これらの試みは,全体としてはまだぼんやりとしたものではあるが,いずれも従来の市場価値に基づく地域経済システムを,協力協働型の方向で多元化していこうとする共通点をもっているとみられている。その具体的動きは,有機農産物などの産直や宅配,ワーカーズ・コレクティブ,市民の起業への融資,リサイクル事業,専門生協(環境生協や福祉生協),コミュニティ・ユニオン,アジアの人びととの交流や支援のための事業活動など,市民活動や協同組合運動,一部の労働組合等々をベースにしたさまざまな事業の展開に見出される。

　これらわが国NPOの実態をみて感じられることは,各種NPO団体の設立が新しく,規模も小さく,活動分野も未分化であり,社会問題に対して即応的である団体が多い点である。1998年3月にNPO法案(「特定非営利活動促進法」)の成立(12月施行)をみたが,非営利活動に関する包括的な法人制度がないこともあり,いわゆるNPO的活動が,それを主目的とする組織ばかりではなく,多様な既存の組織により副次的に進められてきている。加えて,ボランタリー活動が依然として問題対処に終始している結果,問題発生の根拠となる個人や社会のあり様まで踏み込んで改善していこうという段階に至っていない。現在ようやくその存在が多くの人びとに知られるようになり,行政や企業も含むさまざまな人や機関による関わりや支援が増してきたボランタリー活動だが,これらを理解し支える状況が,日本では残念ながら依然として整っていない。そして,活動それ自体の個別具体的性格および「見えにくさ」,脆弱性が,活動をより広く有意義に展開していく上での阻害要因となっていることが,十分に認識されていない。

このような状況が，日本のNPO団体とその内実をなすボランティア活動の現状である。

4. NPOの社会的機能

NPOが注目されるに至った背景には，これらの組織に対する2つの期待がある。ひとつは，これらの組織が"市場の失敗"と"政府の失敗"を克服して，社会的に適正な量の公共財および教育・保健医療・福祉・文化・芸術サービスなどの準公共財を，多元的に供給することへの期待である。いまひとつは，われわれが参加型の社会システムを形成していく上で，これらの組織が主要な担い手となることへの期待である。前者の場合，政府（行政）とNPOの関係性のあり方に焦点を当てて，その機能が論じられている。後者にあっては，より一般的に組織の機能特性を問題にしており，どちらかというと既存の社会システムの柱である市場システムと官僚システムの限界を強く意識したものである。

後者に関する機能について整理すれば，以下のようになる。

① 社会的ニーズの発掘者

NPOは，身近な地域社会や関心分野において何らかの問題なりニーズを発見し，それをいわば当事者の視点から解決したり充たそうと考える。

② 社会サービスの供給主体

社会的ニーズの充足を行政や企業に要求したり委ねるのではなく，自分たちでできる範囲で，その解決・充足に即応的，先駆的に立ち向う。

③ アドボケート

社会サービスを担うなかで，課題の背景や関連する問題を明確にしつつ，これらの問題を社会に提起し課題の共有化をはかると同時に，その解決のための資源の提供を社会に呼びかける。

本来，人の諸欲求の充足は個別的であり，すべての欲求充足は個別的な欲求から出発する。こんにち，われわれは市場システムを通じて，多くの個別的欲

求を背後にある社会的性格を認識することなく充足している。ところが，欲求のなかには個別的には充足されず，直接社会的にしか充足されないものが数多く存在している。そのような場合，人は共同してそのようなニーズを充足するシステムをつくり出さねばならない。ところが，社会的ニーズは最初から社会的なものとしては認識されないで，個別的ニーズのなかに潜在的に存在している。また，そのようなニーズが社会的に認識されて顕在化する以前には，それを充足するシステムも存在しない。したがって，そのような個別的ニーズ（潜在的な社会的ニーズ）が社会的ニーズに高められる必要がある。

その出発点としては，同じようなニーズを抱く人たちの間で課題の共有化がはかられねばならない。これを担うのがコミュニケーションである。地域社会または関心分野における人と人とのコミュニケーションを媒介とした課題の共有化は，潜在的であった社会的ニーズを顕在化させることによって，人びとをしてその社会的充足へと向かわせることになる。その充足が課題を共有した集団内において処理されるか，全社会への働きかけを通じて政府によって担われるかは課題の性質によるであろう。人が共同して，しかも意識的にその充足システムをつくらなければ充足できないニーズを社会的ニーズと呼ぶとすれば，およそその充足の一般的プロセスは以上のように想定できるであろう（佐藤，1996, pp. 196～223）。

このように考えたとき，NPOに特徴的な機能とされる，①「社会的ニーズの発掘者」は，NPOがコミュニケーションを媒介として社会的ニーズを顕在化させる機能を果たすことを指摘したものである。②「社会サービスの供給主体」は，①を前提に，集団としてニーズの充足システムを形成して活動するNPOの姿をあらわしている。③「アドボケート」は，①と②の両者を兼ねそなえたNPOの姿をあらわしているから，③は他のすべてを包摂していると考えられる。これは，NPOを担い手とする特定の社会集団による，社会に対するコミュニケーション努力と理解できよう。そうであれば，アドボケートは①の発展形として理解することができる。

わが国の事例に即してみれば、公害防止の住民運動団体などは①と③を実践したものであり、保育所運動のプロセスで生み出された協同組合形式の保育所(「無認可保育所」)や知的ハンディキャップをもった人たちの「共同作業所」などは、①②③のすべてを地道に実践してきた代表例といえよう(総合研究開発機構、1994)。

最後に、NPOの機能としてあまり語られることのない4つ目の機能、すなわち監視機能についてふれておきたい。この問題は、地域住民運動などを代表的事例とする市民運動とNPOとの違いにもかかわることである。

市民運動とNPOの違いはよく問題にされるが、あまりはっきりとはしていない。公害防止運動にみられるような住民運動の場合、「社会的ニーズの発掘」という点ではNPOと同じ機能を果たす。しかし、こんにちの環境保護団体(環境NPO)と比較した場合、決定的な違いは監視機能にある。公害反対運動は被害者の救済や公害防止政策の実現に大きく寄与するが、一定の成果の達成によって終わりを告げる。その後の運動は、公害防止運動それ自体ではなく、監視を目的とした息の長い活動を行う環境監視団体に引き継がれる。これらの団体がまさに環境NPOといえよう。NPOは着々進行中の事業ともいうべき組織体を担い手としている。それゆえ、それは社会的ニーズの充足が達成された後もその充足プロセスを監視し、システムが十全に機能するよう運動をつづける基盤を有している。この点が市民運動との決定的な違いである。

5. 行政・市場・NPO——結びに代えて——

ここで改めて、行政とNPOの関係に焦点を当てて、NPOの機能を考えてみたい。それは経済学、とくに公共経済学においてNPOを論ずる場合の論点を構成している。

政府とNPOの関係については、3つの類型があげられる。第1は行政主導型であり、NPOは行政による社会サービスを質的・量的に補完するものとされる。この類型でもっとも行政寄りのものは、資金の提供と意思決定は行政が

行い，それにしたがってNPOがサービスの供給活動を行うというものである。第2に，協同型がある。ここではNPOも意思決定に参加し，両者の関係が対等であるとされる。第3のNPO主導型は，社会サービスのすべてにおいてNPOが担うとするものである。ここでの論点の主要な対立点は，社会サービスの提供においてNPOは補完的役割を果たすにすぎないのか，それとも主体となり得るのかということであり，それぞれの類型は，政府による現在の社会サービス供給システムへの評価と密接に関係している。

NPO主導型は，民間の方が効率的に社会サービスを供給できるという基本的考え方に立っている。逆にいえば，政府による供給は非効率で無駄が多いと主張する（「政府の失敗論」）。この主張は，膨大な財政赤字にもかかわらず，いっこうにサービスの質が向上しない現実を前にすれば一見説得力がある。ところが，民間といっても，営利では供給の困難なサービスが社会サービス分野には多い（「市場の失敗論」）。そこで，民間でも非営利の団体に社会サービスの供給を担わせるという発想が出てくるのである。

わが国においては，極端な場合，NPOがすべての問題を解決する魔法の杖のようにとらえられる向きも一部にはあるが，たとえNPOが主要な役割を果たしうるとしても，活動資金の確保問題など課題は山積しているように思われる。アメリカの現実をみてもわかるように，フィランソロピーの役割は限られている。また，政府とNPOの関係は不可分のものであり，「政府の失敗」に直面してNPOが登場したというものではなかった。

この政府とNPOの関係に関して，サラモンの指摘は示唆に富んでいる（サラモン，1994，pp. 225〜228）。サラモンによれば，NPOは「市場の失敗」に対応して登場するものである。

社会的ニーズの中身には，教育，保健医療，社会福祉，文化・芸術サービスなどがある。これらは通常，公共財と呼ばれ，市場では供給が困難もしくは不十分にならざるを得ないとされている。こうしたサービスを市場が供給できない，もしくは十分に供給できないことを市場の失敗という。NPOはこうした

社会的ニーズを自発的に充足する目的でつくられるとするのが，サラモンの基本的見解である。この点でNPOは，先にみたNPOの機能のうち，社会的ニーズの発掘と可能な範囲での供給を実践してきたことになる。しかし，NPOは無条件で社会的ニーズの充足に成功するわけではない。サラモンによれば，「NPOの失敗」が存在するとされる。失敗の主要な内容は，資金基盤の脆弱性，専門能力の欠如，およびパターナリズム（父権的温情主義）である。この欠陥を補完するのが政府である（Salamon, 1995）。パターナリズムというのは，具体例をあげれば，カーネギー財団をカーネギーが設立すると，出捐者（いわゆる基金の出資者）であるカーネギーが財団の運営全般を父権的に支配することを指す。

　サラモンによれば，NPOと政府の関係は明瞭である。NPOが社会的ニーズを充足する主体であり，政府はそれを補完するものにすぎない。サラモンも分析しているように，現にアメリカにおけるNPOと政府の関係の歴史は，基本的にこの建前を逸脱していない。アメリカ政府は，社会的ニーズの充足を多くの領域でNPOに委ねてきた。いわば政府による支援のもと，NPOが主体となって社会サービスを供給するのがアメリカ型福祉国家といえる。そのやり方は，補助金の提供，NPOに対する優遇税制などの法制度面での支援によってであった。したがって，こんにちアメリカにおいても社会サービス領域で政府の欠陥がとりざたされるとすれば，それは「政府の失敗」のみならず「NPOの失敗」でもあるのではなかろうか。ただし，すべてのNPOが失敗したのかどうかといった点については，今後より詳細な分析が必要であるが，それはおもに社会サービスの提供に専念してきた，大規模なNPOに該当することではなかろうか。なぜなら，NPOセクターにおいてもっとも多くの政府支援を得ながら活動しており，経済的もしくは財政的に大きな影響力をもっているのは，大規模なサービス提供NPOだからである。

　この失敗の原因を解明しようとするさいには，次のいくつかの論点が重要になってこよう。第1は，現実に政府はサラモンが想定するようなNPOの補完

者であったのかという点である。これについては，強大化し硬直化した官僚機構としての政府とNPO，とりわけ大規模NPOとの関係が問題にされねばならない。こんにち，われわれが政府の欠陥を語る場合，ひとつの重要なポイントは巨大化し硬直化した行政システム，すなわち官僚機構の問題である。NPOが，その成長のプロセスを通じて徐々にこの官僚機構の下請機関化していったとしたら，NPO自身も失敗を免れないだろう。多くの人が感じているように，こんにちの政府の失敗はこの官僚機構がもたらしたものでもあるからだ。

　第2に，NPO自身にどれほどの責任があるのかも検討課題である。この点は，第1の論点と深く関わっている。NPOの成長プロセスにおいて官僚機構の下請機関化が起こる場合でも，それは一方的に起こるわけではなく，NPOの側にもそれを受け入れる素地がなければならない。下請機関化といってもそれは，組織と組織のレベルでみれば，NPO組織と官僚組織の融合・癒着であるからだ。サラモンがいうように，もともとNPOにはパターナリズムという陥穽が潜んでいる。小規模なNPOでは，これが存在するかもしれない。大規模なNPOについて，これを今日的にいいかえるならば，エリーティズムの陥穽ということになろう。エリーティズムは官僚組織に必然のものであるとすれば，政府官僚組織におけるエリーティズムとNPOにおけるエリーティズムを共通の媒介項として，両者の融合・癒着が起こっても不思議ではない。現にアメリカのNPOセクターは，ドムホフ（Domhoff, 1974）やコルウェル（Colwell, 1993）が指摘するようにそうした一面をすでにもっている。

　しかし，一方で，NPOの支援を目的とする新たなNPOが登場し，NPO間のネットワーキングが発展し，多くのNPOにおいてアドボカシー活動の強化が行われてきているのも事実である（リプナック他，1982）。このような新たな動きは，この政府とNPOの陥穽を克服するための試みとみることができる。NPOは実際，さまざまな困難に直面している。とはいえ，自発的な失敗克服への動きを通じて，政府との適切な関係を再構築して適切な支援を確保すれば，さきにあげた機能を十全に発揮することができ，巨大化し硬直化している経済

第9章 非営利組織の機能と働きがいの創出　183

システムおよび行政システムに対抗する，民主主義的機能をもつ手段としての可能性があると思われる。

引用・参考文献

Colwell, M. A. C., (1993) *Private Foundations and Public Policy : The Political Role of Philanthropy*, Garland
電通総研編（1996）『民間非営利組織NPOとは何か』日本経済新聞社
Domhoff, W., (1974) "State and Ruling Class in Corporate America", *Insurgent Sociologist*, Vol.4 No.3
ドラッカー，P. F., 著，上田惇生訳（1997）『「経済人」の終わり』ダイヤモンド社
林雄二郎・連合総合生活開発研究所編（1997）『新しい社会セクターの可能性』第一書林
本間正明編（1993）『フィランソロピーの社会経済学』東洋経済新報社
堀部政男（1981）「アメリカの連邦自由法」『ジュリスト』No.742, 有斐閣
池上　惇（1991）『経済学——理論・歴史・政策——』青木書店
伊藤裕夫（1997）「NPO の実態と期待の狭間」『都市問題』Vol.88 No.4, 東京市政調査会
柏木　宏（1992）『アメリカのNPOシステム』日本太平洋資料ネットワーク
川口清史（1994）『非営利セクターと協同組合』日本経済評論社
リプナック，J. & J. スタンプス著，正村公宏監修・社会開発統計研究所訳（1984）『ネットワーキング』プレジデント社
日本ネットワーカーズ会議編（1993）『ネットワーキングを形に！——第2回日本ネットワーカーズ・フォーラム報告書』
小野佐和子（1993）「アメリカのオープンスペース計画におけるNPO（民間非営利組織）の役割」『造園雑誌』第56巻第5号, 日本造園学会
連合総合生活開発研究所編（1997）『労働組合とボランティア活動』第一書林
労働省（1998）『平成10年版　労働白書』日本労働研究機構
Salamon, L.M., (1995) *Partners in Public Service : Government-Nonprofit Relations in the Modern Welfare State*, The Johns Hopkins Univ. Press.
サラモン, L. M., 著, 入山英訳（1994）『米国の「非営利セクター」入門』ダイヤモンド社
サラモン, L. M., & H. K. アンハイアー著, 今田忠訳（1996）『台頭する非営利セクター』ダイヤモンド社
佐藤博樹（1989）「就業形態の多様化と新しい働き方の台頭」『労働協会雑誌』No.354, 日本労働協会

佐藤慶幸（1991）『生活世界と対話の理論』文眞堂
佐藤慶幸（1996）『女性と協同組合の社会学』文眞堂
総合研究開発機構（1996）『市民公益活動の促進に関する法と制度のあり方』
総合研究開発機構（1994）『市民公益活動基盤整備に関する調査研究』
鈴木健一（1992）「グラスルーツのインフラ整備の視点」『企業市民』第2号，関西マガジンセンター
時井　聰・上田健作（1998）「米国保健医療システムにおける非営利組織の機能分析」『文部省平成8年度～平成9年度科学研究費補助金研究成果報告書』
東京都（1996）『行政と民間非営利団体（NPO）――東京のNPOをめぐって――』
トフラー, A. 著，岡村二郎監訳（1997）『文化の消費者』勁草書房
上田健作（1998）「米国非営利セクターの『大衆化』とその背景」『行財政研究』第35号，行財政総合研究所
上田健作（1996）「アメリカにおけるプライベート財団ネットワークと非営利セクターの階層性」『経営学論集』（宮崎産業経営大学）第10巻第2号
鷲田清一（1996）『だれのための仕事』(21世紀問題群ブックス) 岩波書店
山内直人（1997）『ノンプロフィット・エコノミー』日本評論社

付記：この論文は，
　平成8年度～平成9年度科学研究費補助金（基盤研究B2）
　平成10年度　淑徳大学奨励研究補助を受けた研究成果の一部をまとめたものである。

第10章
労働者と労働組合の行方

はじめに

　一人ひとりでは立場の弱い労働者が，労働条件の維持・改善と社会的地位の向上という共通目標のもとに団結し，集団としての力を結集しようとしてできたのが労働組合だ。これは19世紀の工業化の時代に生まれ，20世紀には産業社会を構成する基本的な社会制度として発展した。

　ところが20世紀も終わりに近づくにつれ，労働組合の組織率が低下傾向を辿っている。つまり，労働組合に入っていない労働者の比率が大きくなっているのである。これは多くの先進諸国に共通する現象だが，我が国もその例外ではなく，組合組織率はすでに20％に近づいている。いいかえると，労働者のなかで8割近くの人が労働組合に入っていないのだ。この人たちは一体どのようにして「労働条件の維持・改善と社会的地位の向上」を図っているのか。

　他方，労働組合に入っている人たちは，自分の属する組合の組織や活動をどうみているのか。最近しばしば組合幹部の人たちから，組合員が組合活動に無関心になっている，幹部まかせで自分からは動こうとしない，個人個人ばらばらに私生活に埋没している，などといった嘆きが聞かれる。労働者はもはや集団的な力を必要としなくなったのか。

　この章は上のふたつの問いをめぐって展開される。

1. 労働生活における労働組合の機能

　労働者も経営者も，民主主義の世の中ではみな対等な市民として，法的に同等の権利を与えられている。成人ならだれでも同等の参政権をもち，思想の自由や表現の自由を保障されている。ところが一歩職場のなかに入ると，労働者と経営者の間には大きな隔たりがある。労働者個々人は立場が弱く，経営者に何を言われてもおとなしく従うほかはない。しかしひとたび一人ひとりの労働者が団結して集団としての力をもてば，経営者の前で縮こまっている必要はなくなり，職場のなかでも経営者と対等な関係を築けるはずだ。

　労働組合はこのような発想から生まれ出た。『社会学小辞典』（有斐閣，新版1997）を紐解くと，労働組合とは「労働者が労働条件の維持・改善と社会的地位の向上をめざして自主的に結成した恒常的団体」（p.634）なのである。そしていまではそれは，産業社会を支える基本的制度となっている。

　では労働者が労働組合を通してめざす「労働条件の維持・改善と社会的地位の向上」とは，具体的には何のことか。それはその時々の経済や社会の状況によって異なるだろう。

　1984年と1994年に電機連合（かつての電機労連）が大手電機メーカー4社で行った組合員意識調査の結果がある（電機連合，1996）。この調査の設問のなかに「労働組合が取り組むべき重点課題は何か」を問う項目があり，15の課題をあげて重要と思うものを3つ選択するという回答形式がとられている。1994年調査で20％以上の組合員が選んだ項目をみると，「賃上げ」（74％），「雇用の保障」（48％），「時間短縮」（32％），「福利厚生」（31％），「作業環境」（24％），「特別休暇や有給休暇」（22％）である。1984年調査と比較すると，「雇用の保障」と「福利厚生」が増え，「時間短縮」が減っており，時代による問題状況の変化がうかがわれるが，基本的には上にあげた諸項目，すなわち賃金，雇用，労働時間，福利厚生，作業環境が労働組合のもっとも重要な取り組み課題だとされている点では，バブル経済の前と後で変わりがない。

第10章 労働者と労働組合の行方

　もうひとつ，日本生産性本部（現在の社会経済生産性本部）労働部がバブル経済最中に，大手労働組合の62組織で行った組合員意識調査がある（日本生産性本部，1990）。ここでは24の項目をあげ，それに組合が取り組むべきかどうかを問うているが，多くの組合員があげている組合の取り組み課題は「賃金水準の維持・向上」「退職金・年金水準の維持・向上」「労働時間短縮・休日の拡大」「定年までの雇用の安定」「福利厚生の充実」「作業環境の改善」である。要するにここでも，賃金，雇用，労働時間，福利厚生，作業環境にかかわる事項が，組合が取り組むべき重要課題とされている。

　ところで組合員が組合に期待するこうした事柄は，労働生活から滲み出てくる労働者の日常的なニーズとどれだけ対応しているのだろうか。

　先にふれた電機連合調査では，労働生活にかかわる14の項目を列挙し，それぞれについて5点評価で満足・不満を聴いている。あげられた項目は「作業環境」「経営者・管理者と従業員の信頼関係」「作業量・作業負担」「労働時間の長さ」「給料・諸手当」「経営者・管理者の能力」「昇進の機会」「教育訓練」「雇用の保障」「男女の機会均等」「福利厚生」「上司との関係」「同僚との関係」「仕事の面白さ」である。このうち不満が多い項目をみると，第1が「給料・諸手当」，第2が「作業環境」，第3が「昇進の機会」，第4が「作業量・作業負担」，第5が「経営者・管理者の能力」である。

　他方，生産性本部調査では25の項目をあげて満足・不満を聴いているが，そのなかでとくに不満が多いのは，「賃金が安い」「要員が少なすぎる」「従業員の意向が十分に取り入れられていない」「従業員に対する会社の配慮が足りない」「環境変化に対する対応がまずい」「休日・休暇が取りにくい」である。

　これらの調査結果から推測すると，労働者の主な不満点は，賃金，作業環境，労働密度，昇進，経営者の能力，従業員の声の汲み上げ，といったところに見出される。このうち賃金に関しては労働者は労働組合の重要取り組み課題としており，また事実，労働組合がもっとも力を入れて取り組んでいる事柄でもある。

その他の点に関してはどうか。電機連合調査では労働生活の諸側面をあげて、「あなたの意見や要望を代表する者は誰か」と問い、「経営」「組合」「直属の上司」「誰もいない」のどれかひとつを回答者に選ばせている。この結果をみると、残業の扱いや作業編成や生産量の変更など、作業環境や労働密度にかかわる日常の労働現場の諸問題に関して、「組合」をあげた労働者はほとんどいない。また、「配転や異動」といった人事問題に関しても同様である。これらの問題に関しては、労働者が不満をもっていても組合はあまり関与していないとみられる。つまり労働組合は、労働時間やその他の労働条件の基本枠を決める時には一肌脱いでも、その具体的・個別的な扱いにまではほとんど手をのばしていないようだ。そして労働者のほうも、日常的な労働過程にかかわる問題や個別的な人事処遇の問題の処理に関しては、それを組合の仕事だとは考えていないか、組合を当てにしてはいないようである。

　さらにまた、経営者の能力に対する不信感や、経営が従業員の声を汲み上げていないといった不満も、組合としては無視できないだろう。日本の企業では労使協議制が広く普及しており、組合の幹部と経営者とのコミュニケーションはかなり円滑にして密である。このチャンネルを通して従業員の声は経営の耳に届いているはずだし、経営に対する理解と信頼感も従業員のなかに培われているはずだ。ところが末端の組合員の意見を聴くと、会社の上の者は下の声に耳をかたむけず、まずい経営を行っているという者が、少なくないのである。

　なお、組合の重要な取り組み課題として、多くの組合員は雇用確保と福利厚生をあげているが、電機連合調査でも生産性本部調査でも、これらの点に関して不満をもつ労働者は多くない。長期雇用と企業内福祉は日本の大企業における人事労務の根幹をなしてきた。そしてこれらに関して、労働者はこれまであまり不安や不満をもたずにこられた。組合もその維持に一役も二役も買った。そして労働者は組合に、当然のこととして、その維持のための取り組みを続けることを期待しているのだ。

2. 組合員の労働組合観と労使関係観

では，労働組合は組合員に満足されるような活動をしているのか。また電機連合1994年調査の結果をみてみよう。まず，現在の組合の活動に満足しているかどうかを問う設問に対しては，「満足」38％，「不満」34％，「どちらともいえない」27％で，あとは無回答である。つまり組合員が自分の組合に下している評価は3つに分かれ，満足層と不満層がそれぞれ組合員のほぼ3分の1を占めている。次に，労働組合は自分の意思をどれだけ反映していると思うか，という設問に対しては，「反映している」が49％，「反映していない」が43％で，この点でも肯定的回答と否定的回答とがほぼ同じ割合で分布している。なお，不満者が比較的多いのは，職種別でみると現業労働者や事務職員よりも技術者，学歴別にみると高学歴者，年齢別にみると30歳代前半を中心とした層である。

日本生産性本部（1990）の調査では，自分の属する組合は「よい組合」か「よくない組合」かという形で組合に対する評価を聴いている。結果は「よい組合」が75％，「よくない組合」が23％，無回答が2％である。ここでみるかぎり組合員の多くは自分の組合を肯定的に評価しているが，それでも約4分の1の組合員は否定的評価を下している。都民の労使関係意識の10年間の変化を分析した東京都立労働研究所（1992）の調査は，さらにショッキングなデータを打ち出している。回答者のなかには非組合員が5割から6割入っているが，組合員と非組合員とをあわせて「労働組合はぜひ必要」という意見は1979年では32％で，当時すでにあまり多くはなかったけれども，その後10年経った1990年にはそれがさらに減って，22％になってしまった。これに「組合はあったほうがよい」という回答を加えた比率は，79年73％に対して90年64％で，やはり減っている。

労働組合とはそもそも労働者が自主的に結成して自主的に運営している「自分たち」の組織であるはずなのに，そのなかには不満分子がけっこういるよう

だ。経営が順風のなかにあり,労働者の雇用と生活も安泰であるような時には,不満層をある程度抱えていても組合は内部統合を維持していけるだろう。ところが企業をとりまく環境が大きく変わり,経営が大がかりな合理化策を打ち出し,従来の労使慣行が崩れざるをえなくなったときには,そうはいかなくなる。こんなとき,しばしば労働争議が増える。1970年代の石油ショックの時がそうだった。

しかし,60年代から70年代にかけて日本の産業界では広く労使協議が慣行化され,組合幹部と経営者との意思疎通がかなり円滑に図られるようになっており,合理化が行われる場合,経営側は組合の意向を汲みながら,同時に組合からの協力を得るというスタイルが一般にとられている。そのため1980年代からこのかた,日本では労働争議はめったに起こっていない。図表10-1にみるように,ストライキによる労働損失日数は世界主要諸国のなかでもっとも少ない国の1つである。また1996年だけでみても,争議による損失時間は日本全体で約4万時間で,イギリスの10分の1,アメリカの100分の1にすぎない。

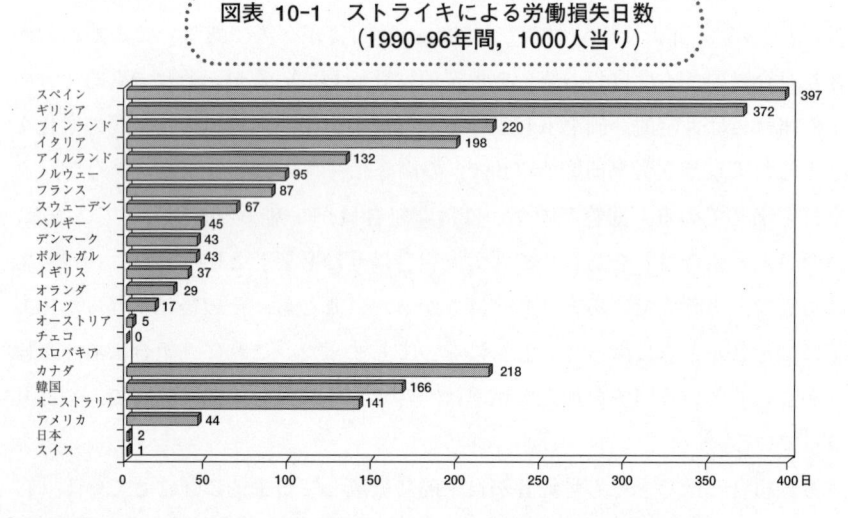

図表 10-1　ストライキによる労働損失日数
（1990-96年間，1000人当り）

国	日数
スペイン	397
ギリシア	372
フィンランド	220
イタリア	198
アイルランド	132
ノルウェー	95
フランス	87
スウェーデン	67
ベルギー	45
デンマーク	43
ポルトガル	43
イギリス	37
オランダ	29
ドイツ	17
オーストリア	5
チェコ	0
スロバキア	
カナダ	218
韓国	166
オーストラリア	141
アメリカ	44
日本	2
スイス	1

Sociálně ekonomické souvislosti integrace České republiky do Evropské unie, Výzkumný ústav práce a sociálních věcí, 1998, str.61より再引用。

こういう事態を反映してか，組合員自身が抱く労使関係イメージは「対立的」というよりも「協調的」である。日本生産性本部（1990）の調査によれば，組合員のなかで労使関係を「対立的」「力と力」の関係とみている者は3％か4％しかおらず，逆に「話合い」の関係とみる者が約50％，「なれあい」とみる者も40％近くを占めている。また労働組合に関しては「闘争的」というよりも「平和的」というイメージが主流である。

　ところで組合幹部と経営者との意思疎通と相互理解が進むと，その反面で問題となりがちなのは組合内部での幹部と一般組合員の関係である。1980年代中葉に行ったもうひとつの生産性本部調査が面白い事実を浮かび上がらせた（日本生産性本部，1987）。これは労働組合幹部の眼からみた組合組織と組合活動の現状に関する調査だが，これによると，労使上層部の意思疎通が円滑化するなかで経営側は組合の言い分を理解し取り入れるようになり，その結果として経営との関係における組合の実効性は高まったが，その反面，組合活動は幹部まかせになり，一般組合員は組合活動よりも私的関心に眼を向け，組合の内部的な統合性は低まった。

　組合員自身による組合の現状認識をみると，やはり「幹部まかせの傾向」や「組合役員の引き受け手の減少」が指摘されている（日本生産性本部，1990）。そして「幹部まかせ」は，「組合活動より私生活優先の傾向」や「労使関係の成熟と組合員の情熱の衰微」と強く関係しており，「役員の引き受け手の減少」は「組合行事への参加者の減少」「職場集会で意見が出にくい」と結びついている（図表10-2を参照）。終戦後しばらくの間は，組合活動をすると経営から睨まれて社内での立場が不利になる，といった意識が，労働者の組合へのコミットメントを阻害していたこともあったが，いまではそう考える者はあまりいない。それよりもむしろ，労働者の私生活指向と労使関係の協調化が，その積極的コミットメントの阻害要因となっているようだ。

　先にふれたように，いま日本で労働組合に所属している労働者が2割強いる。だがそのなかで，労働組合に精神的にも帰属している労働者はどれくらいいる

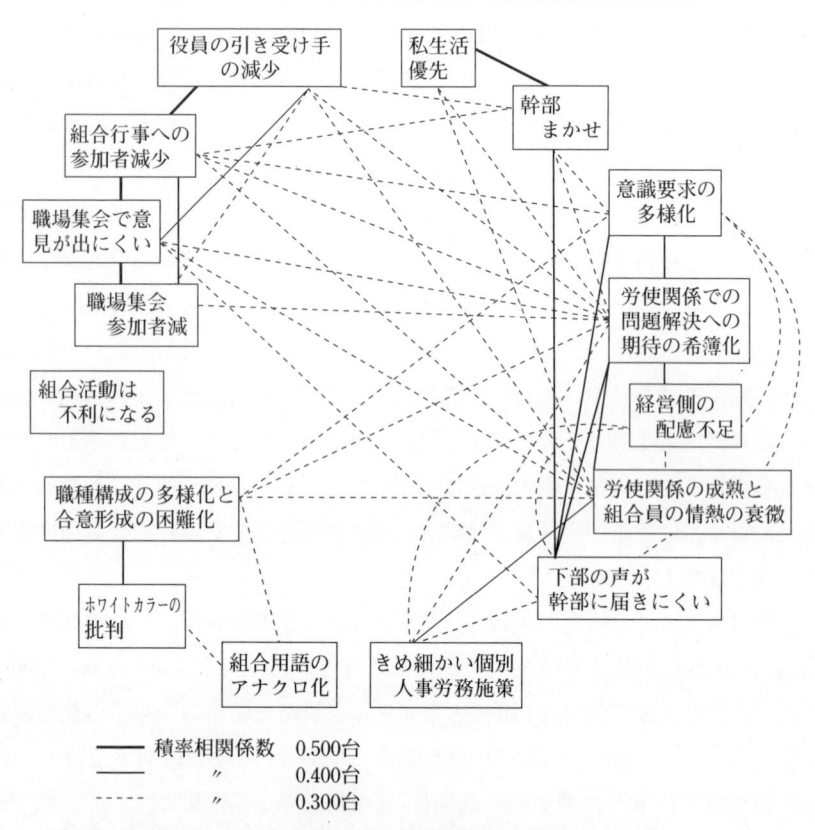

図表 10-2 組合組織の現状関連図（組合員の認知による）

- 役員の引き受け手の減少
- 私生活優先
- 組合行事への参加者減少
- 幹部まかせ
- 職場集会で意見が出にくい
- 意識要求の多様化
- 職場集会参加者減
- 労使関係での問題解決への期待の希薄化
- 組合活動は不利になる
- 経営側の配慮不足
- 職種構成の多様化と合意形成の困難化
- 労使関係の成熟と組合員の情熱の衰微
- ホワイトカラーの批判
- 下部の声が幹部に届きにくい
- 組合用語のアナクロ化
- きめ細かい個別人事労務施策

―――― 積率相関係数　0.500台
――――　　〃　　　　0.400台
- - - - -　　〃　　　　0.300台

出所）日本生産性本部『労働組合共同意識調査結果報告書』1990年

だろうか。上でみてきたデータはこの問いを鋭く提起する。組合指導者は組合組織の求心力を確保しようとして「ユニオン・アイデンティティ」を高めるための諸方策を模索する一方，組合員へのサービス提供を図っている。労働者の自発的団体であるはずの組合のなかで，組合員を「お客様」扱いしなければならなくなっているのだろうか。

3. 個別的紛争の増加

　70年代の石油ショックを克服した後，日本の産業界は安定した労使関係を享受してきた。この間労働争議は減少傾向をたどり，80年代末からその発生件数は低水準で推移している。いまでは労働争議がマスコミの種になることはめったにない。しかしこのことは，労働生活のなかで問題がなくなってきたことを意味するわけではない。いやむしろ，職場ではさまざまな問題が発生して，個別的な紛争が増えてきている。これは，とくに労働組合が組織されていないようなところで多発している。たとえば東京都の労政事務所が扱っている労働相談の件数は，労働争議の発生件数とは反比例するかのように増加しつづけている（図表10-3参照）。1997年にはそれが5万件近くに上った。また，労働基準監督署が扱った申告事件の数も，90年代に入って増加傾向にあり，1996年にはその数は2万件を上回り，それまでの10年間の最高水準を記録した。労働者が労政事務所に相談したり監督署に申告したりすれば，ふつう経営者はいやな顔を

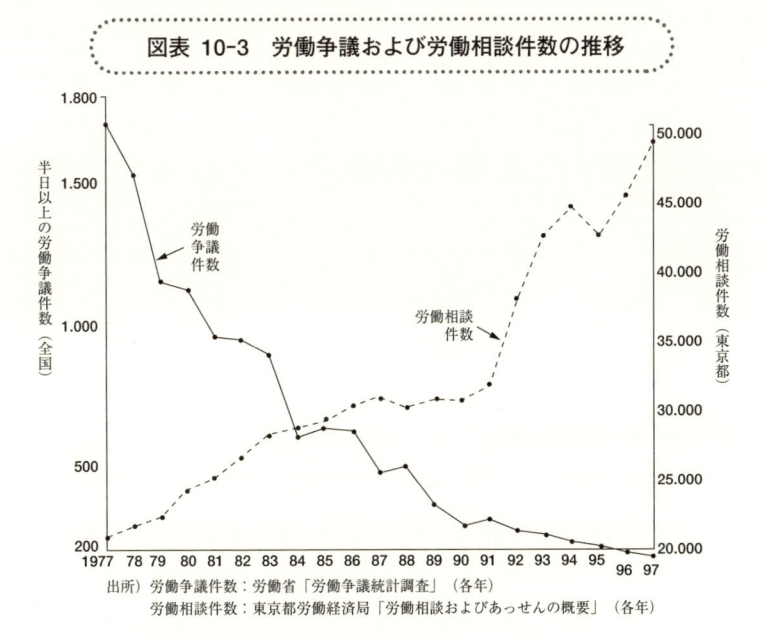

図表 10-3　労働争議および労働相談件数の推移

出所）労働争議件数：労働省「労働争議統計調査」（各年）
　　　労働相談件数：東京都労働経済局「労働相談およびあっせんの概要」（各年）

するだろうから，労働者がこのような行動をとるのはよほどの場合にちがいない。そうだとすれば，上にあげた数字はじつは氷山の一角かもしれない。

　労働相談や申告事件の内容をみると，もっとも多いのは賃金不払いと解雇である。その例をあげよう。
　—日頃店長と折り合いが悪くて退職したが，その前月の給料を払ってもらえない。
　—会社が倒産して，働いた分の賃金や退職金がもらえない。
　—深夜にまで及ぶ時間外労働をしているのに，残業手当がまったく支払われていない。
　—予告なしに解雇を言い渡された。
　—解雇予告手当が支払われないまま解雇された。
　—子供が熱を出したのでパートの仕事を休んだら，「もう来なくていい」と解雇通告を受けた。

　労政事務所や監督署にはこのほかにもいろいろな問題が持ち込まれている。そしてその多くは，もし労働組合があってそれが正常な機能を果たしていれば，労使の交渉で解決できたであろうような問題である。しかし，繰り返しになるが，労働者のなかで労働組合に組織されている者は5人に1人程度である。先にあげたような問題の多くは，組合が組織されていないところで発生している。ちなみに日本では，官公庁や大手企業ではたいてい労働組合が組織されているが，中小企業，とりわけ小規模企業では組合があるところは非常に少ない。では中小企業に労働組合をつくれば，さきのような問題は企業内で自主的に解決されていくといえるか。話はそう簡単にはいかない。

4. 中小企業と組合組織化

　まず，中小企業では経営者の多くが労働組合を敬遠している。東京都立労働研究所が中小企業経営者にアンケートを送って，労働組合があった方がいいか，それともない方がいいかと質問したところ，あった方がいいという回答が約2

第10章　労働者と労働組合の行方　*195*

割あった（東京都立労働研究所，1988）。この回答者の属性をみると，中小企業でも比較的規模が大きい企業の経営者で，大卒の人が多かった。中小企業全体でとらえれば，労働組合に理解のある経営者の割合はもっと小さいと思われる。

　ところで，「労働組合があった方がいい」という経営者にその理由を訊ねると，従業員の要望をまとめて聞けるからだという。中小企業もある程度大きくなると，経営者は従業員一人ひとりが抱えているニーズや意見をつかみきれない。もし組合のような団体があって，それが従業員個々の考えや要求をまとめてくれれば，経営者としても対処しやすいというのである。

　しかし中小企業では従業員の数が少ないから，経営者は一人ひとりの従業員についてその性格から要望までよく理解しているはずだ，だから組合は必要ない，という人も多い。このような経営者からみると，労働組合をつくられてしまった経営者など，経営者としては失格である。なぜなら，経営者が従業員一人ひとりをよく掌握し，彼らから十分に信頼されていれば，組合などつくられるはずはないからだ，というのである。そして，実際，経営者の多くは自分は従業員のことをよく理解し，従業員から信頼されていると思っている。

　ところが事態はそう甘くない。東京都立労働研究所で行われた別の調査によると，経営者は従業員をかわいい後輩ぐらいに考え，従業員は自分のことをよき主人，あるいは親父，あるいは兄貴か先輩とみているに違いないと思いこんでいるのに対して，従業員の多くは経営者を「あかの他人」としてしかみていない（東京都立労働研究所，1992）。経営者と従業員の間には，かなり大きなイメージ・ギャップがある。このような関係のもとで従業員が労働組合をつくると，経営者は飼い犬に手を噛まれたとばかりに不快感を露にし，組合結成の首謀者に敵意を抱きがちである。

　問題は，こうしたイメージ・ギャップだけではない。もっと現実的な問題がある。組合ができると賃上げや労働条件改善を要求されて，中小企業の脆弱な経営がますます圧迫されてしまうのではないかという危惧を，少なからぬ経営者がもっている。また，組合がうるさいことをいってくると経営がやりにくく

なり，自分のリーダーシップが十分に発揮できなくなる，と感じている経営者もいる。さらにまた，組合ができると経営状況を従業員に明らかにしなければならなくなり，経営者は会社を私物視できなくなる。つまり経理がかなりガラス張りになり，従業員が経営者の金の使い方に強い関心をもちだす。これをいやがる経営者も少なくない。極端な例だが，従業員の賃上げをしぶりながら自分の愛人を名目的に役員にして，会社の金でその手当を払っていた社長がいたが，組合ができてからそれが露呈してしまった。これに類した例がたまにある。

経営者のなかには，経理だけでなく従業員をも私物視している者がまだいる。戦後10年ぐらいの間は従業員との関係を主人と奉公人の関係とみて，従業員を人格的にも隷属させようとしていた経営者がいて，これに反発する従業員が組合を結成して人格的自由と労働条件の改善を求めた事例が現われた。1948年に銚子市の老舗旅館で起こった全国初の女中の争議（戸石，1998），特定宗教の強制や外出制限や私物検査に抗議して女子労働者が立ち上がった1954年の近江絹糸争議などが，その典型的な例である。

しかし，このような問題はもうすっかり過去のものになったかというと，必ずしもそうではない。こんな例も筆者の身近で起こった。1995年春のことである。宝石と婦人服の小売で急成長を遂げてきた企業で，婦人服の売上が伸び悩んできた。これを社長は従業員のモラールのたるみからきているとみなし，女子社員が茶髪で店に出ているなどはその現れだ，という社内放送を行った。そして常務が，綱紀を引き締めるためにまず本社の女子社員が率先して全員髪を黒くすべきである，さもなければ懲戒解雇処分にする，といいだした。これを受けて各課の管理者は部下一人ひとりの髪の色をチェックし，自然の髪であっても色が淡い場合は黒く染めてくるように，と指示した。これに対する女子社員の反応はまちまちだった。父親に相談したら，会社勤めとはそういうものだから逆らわないで上司のいうとおりにしなさいといわれ，それに従った者もいれば，髪は個人に生得的に属しているものであって，会社や経営者の物ではないといって，会社を辞めた者も出た。ここでは従業員は集団としての声を発揮

することもなく，ばらばらに対応して散っていった。この会社には労働組合はあるのだが，この時にはどういうわけか委員長は部長，書記長は課長で，管理職が幹部を占めていて，女子社員たちは最初から組合をあてにしていなかった。

さきにもふれたが，日本で労働組合がよく組織されているのは主として大企業の正規従業員と官公部門の公務員であって，中小企業の労働者やパート・アルバイトなどの非正規従業員は大多数が組合の蚊帳の外に置かれている。これらの労働者を組織化しようという試みは，労働組合のナショナルセンターや産業別連合組織によってなされてはきた。1954年には当時のナショナルセンター総評が，中小企業における労働組合組織化を初めて運動方針に盛り込み，翌55年には傘下の組合員から10円カンパを募り，中小企業向けのオルグを全国的に配置した。しかしその後こんにちまで，中小企業労働者の組合組織率はあまり変わっていない。ゼンセン同盟のように，その母体をなす繊維労働者だけでなく，中小スーパーなど流通労働者にも手をのばして実績をあげている産別組織もあるが，中小企業労働者を組織化してもそこから上納される組合費の額はそう多くを期待できず，他方，そのために費やされるオルグその他の活動コストはばかにならず，結局，採算に合わないからといって組織化を躊躇しているムードも，産別レベルの指導層の一部にはあるようだ。

中小企業で組織化が進まないという現実をふまえて，中小企業労働者の利害や意思を集団的に代表できるような制度的枠組みを他に求めるとしたら，何があるか。社員会とか従業員会などという，労働組合とは別に従業員が相互の扶助や親睦のために組織している社内の団体がある。これは中小企業にも広く存在している。東京都立労働研究所が都内の中小企業に郵送法で調査したところ，60%の企業がこのような従業員組織をもっていると答えてきた（東京都立労働研究所，1990）。この組織の機能を上の調査から探ってみると，その主な活動分野は文化レクリエーション活動や共済活動にあるが，そのような活動が活発なところでは，経営に対して従業員意思を代表するような機能もみられる。しかし，現存する従業員組織のうち，そのような機能をまがりなりにももっている

のは，わずか2割強である。日本生産性本部が行った調査でも，ほぼ同様な結果が得られている（日本生産性本部，1994）。

5. 職場における仲間関係の意義

　労政事務所における労働相談件数や労働基準監督署への申告事件件数，さらには裁判所への訴訟申立件数の増加という事実から，労働組合を媒介とした集団的労使関係では処理しきれない個別的紛争が増えているという見解が提起されている（村中，1996）。そしてそのような紛争の背景として，従来の年功的・集団的管理に代わって個々人の能力や実績に基づく個別的管理が広がる一方，働く者の間では価値観が多様化し，したがって集合的・画一的に処遇システムや労働条件を設定しにくくなり，発生する問題や紛争も個別化してきているという（社会経済生産性本部，1998）。こうした環境変化のもとで，企業別労働組合は個別的紛争の処理機能を十分に発揮しえず，組合対経営といった集団的労使関係の機能は低下しているというのである。

　だが，このような指摘には疑問がある。さきにふれたように，労働相談や監督署への申告事件の具体的な内容をみると，賃金や雇用に関する問題が多数を占めている。その問題の発生のしかたはたしかに個別的ではあるが，発生の原因はこうした問題の処理について集団的な取決めができておらず，またその取決めを集団的に監視する機構ができていないところにある。つまり，個別的に生じたトラブルを集団的に解決するメカニズムが，職場のなかで作動していないところに問題があるといえる。

　ここでいう処理メカニズムとは，フォーマルな制度的機構のみを意味してはいない。職場仲間のインフォーマルな連帯が，そのようなメカニズムとして働くことにも注目したい。職場のそのような仲間関係が，仲間の誰かに生じた問題を共有化・共同化し，経営者に対してインフォーマルな集団的影響力を形成し，紛争の発生を防いだり問題を解決していくという過程を，看過することはできない。これは賃金や雇用といった労使関係の伝統的な問題だけでなく，労

働生活の諸方面で生ずるさまざまな個別的な「職場のさざなみ」に関してもいえることである（東京都立労働研究所，1994）。こんにちいわれる個別的紛争の増加と集団的労使関係の機能低下とは，じつはかなりの部分，個別的に発生する問題を集団的労使関係へとつなげていく，職場レベルの仲間関係の機能が衰微していることのなかにあると思われる。そうだとすれば，重要なのは紛争処理機能を内包した職場風土の構築にあるといえよう。労働組合の活性化は職場仲間の連帯感と相互扶助の精神を土台とした草の根の問題処理活動のなかで生み出され，組合リーダーもその過程で育ってくるのであって，幹部が労働者の組合離れを防ごうとしてニーズに合ったサービスを上から提供するだけでは，事態は変らないと思われる。

引用・参考文献

電機連合（1996）「14ヵ国電機労働者の意識調査」『調査時報』No.287,労働調査協議会
松島静雄（1979）『中小企業と労務管理』東京大学出版会
村中孝史（1996）「個別的労使紛争処理システムの検討」『日本労働研究雑誌』No.436,日本労働研究機構
（財）日本生産性本部（1987）『労働組合の現状診断と将来展望』
　　　同　　　（1990）『労働組合共同意識調査報告書』
　　　同　　　（1994）『中小企業の労使コミュニケーションに関する調査研究』
大河内一男・氏原正治郎・藤田若雄編（1959）『労働組合の構造と機能』東京大学出版会
労働省労働基準局監督課（1997）『平成8年において労働基準監督署で取り扱った申告事件の概要』
生産性労働情報センター（各年）『活用労働統計』
（財）社会経済生産性本部（1998）『個別化の進展と労使関係』
高梨昌編著（1985）『証言・戦後労働組合運動史』東洋経済新報社
戸石四郎（1998）『もう一つの銚子市史』なのはな出版
東京都立労働研究所（1980）『中小企業の労務管理と労使関係』
　　　同　　　（1988）『中小企業における能力主義的管理と労使関係（その1）』
　　　同　　　（1990）『中小企業における従業員組織の役割』
　　　同　　　（1992）『労使関係意識の変化――10年を経て――』
　　　同　　　（1994）『職場・職業生活における「さざなみ」』
東京都労働経済局（各年）『労働相談およびあっせんの概要』

編者紹介

石川晃弘（いしかわあきひろ）
1938年　生まれ
1964年　東京大学大学院社会学研究科・博士課程中退
現職　　中央大学文学部教授，社会学博士
〔主著〕
『社会変動と労働者意識』（単著，日本労働協会，1975）
『産業社会学』（編著，サイエンス社，1988）
Workers, Firms and Unions：Industrial Relations in Transition（共編著，Peter Lang, 1998）

田島博実（たじまひろみ）
1958年　生まれ
1983年　中央大学大学院文学研究科社会学専攻・博士前期課程修了
現職　　財団法人雇用開発センター研究調査課長
〔主著・論文〕
『成熟社会の病理学』（共著，学文社，1993）
「労働時間問題の展開と社会的対応に関する考察」日本社会病理学会編『現代の社会病理Ⅸ』（垣内出版，1995）

シリーズ　職業とライフスタイル 1
変わる組織と職業生活

1999年9月30日　第一版第一刷発行
2003年4月10日　第二版第二刷発行

編著者　石川晃弘・田島博実Ⓒ

発行所　㈱**学文社**

発行者　田中千津子

東京都目黒区下目黒3-6-1〒153-0064
電話03(3715)1501　振替00130-9-98842
落丁乱丁本は，本社にてお取替え致します。
定価は売上カード，カバーに表示してあります。検印省略
ISBN4-7620-1023-5　印刷／㈱アズマ企画〈転載不許可〉